SUICÍDIO

Tudo o que você precisa saber

APOIO CULTURAL

RICHARD SIMONETTI

SUICÍDIO

Tudo o que você
precisa saber

CEAC
EDITORA

Ficha Catalográfica

Dados Internacionais de Catalogação na Publicação (CIP)
(Câmara Brasileira do Livro, SP, Brasil)

Simonetti, Richard
 Suicídio: tudo o que você precisa saber/
Richard Simonetti. – Bauru, SP : CEAC editora,
2006

 ISBN: 85-86359-58-0

 1. Espiritismo 2. Suicídio. I. Título.

06-5561   CDD-133.93

Índices para catálogo sistemático:
1. Suicidas : Ponto de vista espírita   133.93

Ficha Técnica

Coordenação editorial
Renato Leandro de Oliveira

Capa
César França de Oliveira

Diagramação
Luiz Antonio Gonçalves

Revisor - colaborador
Edson de Oliveira

9ª Edição – Dezembro de 2019
2.000 exemplares
21.501 a 23.500

Copyright 2018 by
Centro Espírita Amor e Caridade
Bauru SP

Edição e Distribuição

Rua 15 de Novembro, 8-55
Fone: 14 3227 0618
CEP 17015-041 – Bauru SP
www.editoraceac.com.br
www.radioceac.com.br
www.tvceac.com.br
www.ceac.org.br

*A religião, a moral, todas as filosofias conde-
nam o suicídio como contrário à lei natural.*

*Todas nos dizem, em princípio, que não se tem
o direito de abreviar voluntariamente a vida.*

Mas, por que não se terá esse direito?

*Por que não se é livre de pôr termo aos
próprios sofrimentos?*

*Estava reservado ao Espiritismo demonstrar,
pelo exemplo dos que se mataram, que o suicídio
não é apenas uma falta, como infração a uma
moral, consideração que pouco importa para
certos indivíduos, mas um ato estúpido, pois que
nada ganha quem o pratica e até pelo contrário.*

*Não é pela teoria que ele nos ensina isso,
mas pelos próprios fatos que coloca sob os nossos
olhos.*

Allan Kardec, em O Livro dos Espíritos.

SUMÁRIO

NÃO É BOLINHO 11

EFEITOS

CONSEQUÊNCIAS IMEDIATAS 15

DIFICULDADES DE DESLIGAMENTO 19

CONFINAMENTO 22

SUCESSÃO DE EXPERIÊNCIAS 26

CONSEQUÊNCIAS FUTURAS.. 30

EXISTÊNCIA BREVE.. 33

TENTATIVA FRUSTRADA 36

TRANSTORNOS COM A FAMÍLIA 40

CAUSAS

FUGA.. 43

IDEIA ACALENTADA... 46

 POR AMOR.. 49

PACTO DE MORTE 53

OBSESSÃO... 56

BOMBAS HUMANAS 59

TENDÊNCIA ADQUIRIDA 62

AUTOPUNIÇÃO 65

INCONSCIÊNCIA 69

IMPRUDÊNCIA...72

JOVENS 75

TÉDIO 79

GENÉTICA 83

EUTANÁSIA..87

FUGA OU DEFESA?..91

AJUDA

EM FAVOR DELES 94

REUNIÕES MEDIÚNICAS 98

ANJOS DA GUARDA 101

PROFILAXIA

CERTEZAS 105

EXPERIÊNCIA DE QUASE MORTE.......................................109

TERAPIA DAS VIVÊNCIAS PASSADAS 113

VACINA 117

INDUÇÃO LITERÁRIA...121

CUSTO/BENEFÍCIO 125

PRÁTICA DO BEM...129

FARDO LEVE...132

FAMÍLIA ESPIRITUAL 136

ESTATÍSTICA...139

DÚVIDAS 143

BIBLIOGRAFIA DO AUTOR 147

NÃO É BOLINHO

Você sabe o que têm em comum, prezado leitor, os nomes abaixo?

John Barrymore (1882-1942), ator norte-americano.

Charles Boyer (1897-1978), ator francês.

Camilo Castelo Branco (1825-1890), escritor português.

Kurt Cobain (1967-1994), músico norte-americano.

Demóstenes (384-322 a.C), orador e político grego.

Rainer Werner Fassbinder (1946-1982), cineasta alemão.

Hermes Fontes (1888-1930), escritor brasileiro.

Judy Garland (1922-1969), atriz norte-americana.

Romain Gary (1914-1980), escritor e diplomata francês.

Hermann Goering (1893-1946), marechal alemão.

Vincent van Gogh (1853-1890), pintor holandês.

Ernest Hemingway (1898-1961), escritor norte-americano.

Adolf Hitler (1889-1945), político alemão.

Alan Ladd (1913-1964), ator norte-americano.

Jack London (1876-1916), escritor norte-americano.

Marilyn Monroe (1926-1962), atriz norte-americana.

Nero (37-68), imperador romano.

Antero de Quental (1842-1891), poeta português.

Alberto Santos Dumont (1873-1932), inventor brasileiro.

Saul (1115-1055 a.C.), rei hebreu.

Sêneca (4-65), filósofo romano.

Getúlio Vargas (1883-1954), político brasileiro.

Virgínia Woolf (1882-1941), escritora inglesa.

Stefan Zweig (1881-1942), escritor judeu-austríaco.

Pedro Nava (1903-1984), médico e escritor brasileiro.

Se você pensou em suicídio, acertou.

Todos se mataram!

Em dado momento de suas existências, por motivos variados, resolveram que não era interessante continuar a viver.

Incontável o número de personalidades ilustres da Humanidade a entrarem por essa porta falsa, que apenas nos precipita em sofrimentos mil vezes acentuados.

***

Fosse a existência contida nos limites do berço ao túmulo e, sem dúvida, o suicídio seria a grande solução para os problemas e dores da Terra.

Ocorre que somos seres imortais. Já vivíamos antes do berço e continuaremos a viver depois do túmulo, onde colheremos as consequências do que fizemos de nossa vida, de nosso corpo.

Falta a todos aqueles que se precipitam no suicídio um conhecimento mínimo a respeito do assunto.

É exatamente o que o Espiritismo nos oferece, ao estabelecer contato entre a Terra e o Além, convidando-nos a refletir sobre a experiência danosa dos suicidas, que afirmam, invariavelmente, em suas confidências:

– Ah! Se eu soubesse!

Sem dúvida, outro teria sido o rumo de suas cogitações, evitando o abismo.

***

O objetivo deste livro, amigo leitor, é oferecer-lhe condições para refletir sobre o assunto.

Em sistema de perguntas e respostas, tento abordar aqui todas as facetas relacionadas com o suicídio, à luz da Doutrina Espírita.

Estou certo de que se você o ler atentamente, acabará por convencer-se de que é preferível enfrentar os desafios da Terra, a precipitar-se em tormentos, sinalizados há milênios pelas religiões tradicionais, mas de uma forma distante, especulativa. Hoje temos uma visão de perto, ampla e assustadora, do que acontece com o suicida, graças a esse "binóculo para visualizar o Além", que é o Espiritismo.

Estou certo, também, de que você terá sempre à mão este livro para oferecê-lo a amigos, conhecidos, familiares, vizinhos e colegas de trabalho, conscientizando-os de que, segundo a expressão popular, suicídio "não é bolinho".

Deus o abençoe, meu caro, com o fortalecimento de suas convicções sobre a imortalidade, proporcionado pela Doutrina Espírita, a fim de que jamais permita, em situação alguma, tome corpo em sua mente a perigosa idéia de que seria melhor morrer.

Bauru, SP, julho de 2006.

SITE: www.richardsimonetti.com.br

CONSEQUÊNCIAS IMEDIATAS

1 – Qual a primeira conseqüência do suicídio?

A terrível constatação: o suicida não alcançou o seu intento. Não morreu! Não foi *deletado* da Vida. Continua a existir, sentir e sofrer, em outra dimensão, experimentando tormentos mil vezes acentuados. É uma situação traumática e apavorante.

2 – Seus sofrimentos são de ordem moral?

Em parte. Há outro aspecto a ser considerado: os estragos no perispírito, o corpo espiritual. O apóstolo Paulo o denominava *corpo celeste*. Um corpo feito de matéria também, mas quintessenciada, numa outra faixa de vibração, como define Allan Kardec. É o veículo de manifestação do Espírito no plano em que atua, e intermediário entre ele e o corpo físico, na reencarnação.

3 – Quando o médium vidente diz que está vendo determinado Espírito, é pelo corpo espiritual que o identifica?

Exatamente. O Espírito não tem morfologia definida, como acontece com a matéria. É uma luz que irradia. Diríamos, então, que o vidente vê determinado Espírito em seu corpo espiritual, tanto quanto identificamos um ser humano pela forma física.

4 – O que acontece com o perispírito no suicídio?

Sendo um corpo sutil, que interage com nossos pensamentos e ações, é afetado de forma dramática. Se alguém me der um tiro e eu vier a desencarnar, poderei experimentar algum trauma, mas sem danos perispirituais mais graves. Porém, se eu for o autor do disparo, buscando a morte, o perispírito será afetado e retornarei ao Plano Espiritual com um ferimento compatível com a área atingida no corpo físico. É muito comum o médium vidente observar suicidas com graves lesões no corpo espiritual, produzidas por instrumento cortante, revólver ou outro meio violento por ele usado.

5 – Qualquer tipo de suicídio sempre afetará uma área correspondente no perispírito?

Sim, com tormentos que se estenderão por longo tempo. Dizem os suicidas que se sentem

SUICÍDIO TUDO O QUE VOCÊ PRECISA SABER

como se aquele momento terrível de autoaniqui-lamento houvesse sido registrado por uma câmera em sua intimidade, a reproduzir sempre a mesma cena trágica. Imaginemos alguém a esfaquear-se. A diferença é que, enquanto encarnado, essa auto agressão termina com a morte, enquanto que na vida espiritual ela se reproduz, insistentemente, em sua mente, sem que o suicida se aniquile.

6 – Digamos que a pessoa dê um tiro na cabeça...

Sentirá repercutir, indefinidamente, o som do tiro e o impacto do projétil furando a caixa crania-na e dilacerando o cérebro. Um tormento indescri-tível, segundo o testemunho dos suicidas. Lembra a fantasia teológica das chamas do inferno, que queimam sem consumir.

7 – Falando em chamas, e se a pessoa se matou pelo fogo, desintegrando o corpo?

Vai sentir-se como alguém que sofreu queima-duras generalizadas. Experimentará dores acerbas e insuportável inquietação. É uma situação deses-peradora, infinitamente pior do que aquela da qual, impensadamente, pretendeu fugir.

8 – Podemos situar os desajustes perispirituais como castigos divinos?

Imaginemos um filho que, não obstante advertido pelo pai, não toma os devidos cuidados ao usar uma faca afiada e se fere, seccionando um nervo. As dores e transtornos que vai sentir não serão de iniciativa paterna para castigá-lo. Ele apenas colherá o resultado de sua imprudência. É o que acontece com o suicida. Seus tormentos relacionam-se com os desajustes que provocou em si mesmo. Não constituem castigo celeste, mas mera consequência de desatino terrestre.

DIFICULDADES DE DESLIGAMENTO

1 – Todos os suicidas passam pelas mesmas experiências dolorosas?

Basicamente, sim, embora com algumas diferenças relativas ao tipo de morte e à condição evolutiva. Quanto mais evoluído, em termos de cultura e discernimento, mais sutil se torna o corpo espiritual. Conseqüentemente, mais passível de registrar, na forma de desajustes, seus comprometimentos com o mal, seja o que pratica contra o próximo, seja aquele que pratica contra si mesmo, pelos excessos, vícios, destemperos e pelo próprio suicídio.

2 – A par da terrível constatação de que não alcançou seu intento, não "morreu", e dos desajustes perispirituais, há algo mais que aflija o suicida logo após o funesto ato?

Os suicidas enfrentam grandes dificuldades para desligar-se dos despojos carnais. Em tormentos, segundo eles, indescritíveis, experimentam dolorosa experiência que o mais mórbido ficcionista, autor de histórias de terror, não poderia conceber: a sensação terrível de estarem sendo devorados pelos vermes.

3 – O Espírito pode ser devorado por vermes?

Obviamente, não. Ocorre que ele fica preso ao cadáver por ligações fluídicas que, enfeixadas, formam o famoso *cordão prateado,* de que nos falam os mentores espirituais. Nessa condição, repercute nele o ataque dos vermes, passando-lhe a impressão de alguém que está sendo devorado vivo.

4 – Por exercício de misericórdia, não têm os mentores espirituais condições para promover um rápido desligamento?

É por misericórdia que não o fazem de imediato. Se houver um desligamento extemporâneo, antes que o desencarnante haja superado as impressões mais fortes, relacionadas com a experiência física e o tipo de morte, retornará em condições ainda piores ao Mundo Espiritual. Deixá-lo preso ao corpo por determinado tempo é o mal menor.

5 – Esse problema atinge apenas os suicidas?

Atinge todos aqueles que se envolvem com paixões, viciações e interesses da vida física, sem cogitações de caráter espiritual, sem cultivar religiosidade, sem exercitar desprendimento, no esforço da fraternidade. Quanto maior o seu comprometimento com a Terra, maior a dificuldade no retorno ao Além.

6 – Essa situação pode prolongar-se indefinidamente?

Normalmente, com a decomposição, as ligações perispirituais vão se desfazendo. Em questão de alguns dias o Espírito estará liberto. Todavia, não raro, permanece no cemitério, imantado ao próprio cadáver, ainda que desligado dele.

7 – E o Espírito tem consciência dessa situação?

Tem consciência de seu sofrimento, embora nem sempre perceba o que está acontecendo. Imagina-se num leito de hospital, abandonado por amigos e familiares. A solidão é um de seus tormentos maiores.

8 – Esse estágio junto aos despojos carnais deixa alguma seqüela?

Fica a impressão terrível de que foi enterrado vivo. Poderá até mesmo repercutir em futuras existências. Muita gente que tem medo de *acordar* na sepultura, cogitando até mesmo de uma cremação para evitar essa possibilidade, provavelmente passou por experiência dessa natureza em vidas anteriores. Daí o medo.

CONFINAMENTO

1 – Os suicidas ficam juntos?

Segundo informações da Espiritualidade, os suicidas tendem a agrupar-se em regiões umbralinas, às voltas com tormentos inenarráveis, de conformidade com suas mazelas. Em *A Divina Comédia,* Dante (1265-1321) reporta-se a essa situação. Embora o caráter ficcional de sua narrativa, concebe-se, hoje, que o grande poeta florentino foi levado, em desdobramento, a regiões de sofrimento no Plano Espiritual, registrando fragmentária visão de uma realidade descortinada pela Doutrina Espírita.

2 – Há um tempo determinado de confinamento, como uma sentença condenatória?

As regiões purgatoriais do Mundo Espiritual não se situam como penitenciárias, onde devamos cumprir determinada pena. O suicida ali ficará pelo tempo necessário, até que supere os desajustes maiores, consequentes da violência que praticou contra si mesmo.

3 – Então, o tempo de permanência nessas regiões de sofrimento não é o mesmo para todos?

Não, porque há múltiplos fatores a serem considerados: o tipo de suicídio, as motivações, as influências espirituais, o grau de conhecimento, o estágio evolutivo, partindo do princípio de que quanto mais esclarecido, mais intensos seus padecimentos, mais demorada sua recuperação.

4 – Lembra a afirmativa de Jesus (Lucas, 12:48): Muito será pedido àquele a quem muito se ofereceu.

Sim, podemos aplicá-la ao suicida. Se o indivíduo tem noção do que é o suicídio e de suas consequências, maiores serão os seus desajustes e a duração de seu confinamento.

5 – Há quem diga que o suicida permanecerá ali pelo tempo que lhe faltava de vida, quando cometeu suicídio.

É meio complicado admitir que assim seja, mesmo porque não há um tempo certo de vida, quando reencarnamos. Biologicamente o ser humano tem uma programação para viver cem anos. Isso não significa que se alguém morre num acidente, aos quarenta anos, deverá viver em sofrimento mais sessenta anos no Mundo Espiritual, até livrar-se da carga de fluidos vitais que lhe teria sido *injetada* ao nascer. O fluido vital é um produto gerado pelo próprio funcionamento do corpo, não um combustível para determinada *quilometragem existencial.*

6 – Qual o fator que pesa mais?

A postura do suicida. Se está dominado pelo desespero e pela revolta, orientado pelo orgulho, tenderá a prolongar sua permanência ali, até, segundo a expressão da *Parábola do Filho Pródigo, "cair em si"* e reconhecer a extensão de sua miséria moral, dispondo-se a buscar, com sinceridade, o amparo divino.

7 – E como se faz essa avaliação?

Os Espíritos atormentados desses vales, na Espiritualidade, não estão entregues à própria sorte. Há benfeitores espirituais que os observam, como médicos a acompanharem as reações de pacientes num manicômio. Quando percebem que estão em condições favoráveis, superados os desajustes mais acentuados e o ânimo exaltado, imediatamente os recolhem.

8 – Guardam a condição de doentes?

Sem dúvida. São doentes em estado grave. Necessitam de longos tratamentos, que podem prolongar-se por anos a fio, internados em instituições hospitalares especializadas, no Além. Ali, médicos dedicados cuidam das sequelas perispirituais e dos desajustes mentais oriundos da morte provocada.

SUCESSÃO DE EXPERIÊNCIAS

1 – Após os sofrimentos em regiões purgatoriais, o que acontece com aqueles que cometeram o suicídio?

Depende de suas necessidades e da maneira como reajam às consequências de seu gesto. Após superarem o trauma mais forte, decorrente da agressão que cometeram contra si mesmos, podem estagiar no Além, por tempo breve ou longo, mas, fatalmente, todos tornarão à carne para os ajustes devidos, no desdobramento de experiências redentoras.

2 – Todos têm o mesmo tratamento?

Nem poderia ser diferente. Todos recebem os mesmos cuidados, mas o destino de cada um guarda correspondência com suas necessidades. Haverá os que reencarnarão de imediato, a fim de atenuar os graves desequilíbrios de que são portadores. Outros permanecerão mais tempo na Espiritualidade, por escolha pessoal ou por não reunirem as condições mínimas para um mergulho na carne.

3 – *O suicida libera-se de seus desajustes em uma única existência?*

Em parte, como um doente grave que recebe poderosa medicação, capaz de melhorar o quadro clínico, fortalecendo-o, mas sem liberá-lo inteiramente da enfermidade, o que demandará tratamento mais prolongado, sem prazo para a conclusão.

4 – *Haverá um número certo de reencarnações, até que o suicida se recomponha?*

Não, porquanto isso vai depender de suas reações, de como vai se comportar diante dos sofrimentos e dificuldades que enfrentará. Se cultivar a fé e a submissão aos desígnios divinos, terá condições para uma recuperação rápida. Se em contato com o Espiritismo, terá os melhores recursos de esclarecimento quanto à sua postura. A Doutrina será bênção de Deus nesse particular, dando-lhe a consciência de que não está entregue à própria sorte e de que há razões para as dores e problemas que enfrentará.

5 – *E quanto ao tempo?*

Chico Xavier dizia que o suicida levará duzentos anos para se recompor, com uma ou mais passagens pela carne. Não obstante, é preciso considerar a vontade do interessado. Os males, no desdobramento do tempo, serão sempre decrescentes, à medida que cresça nele a disposição de enfrentá-los com serenidade e confiança em Deus, sem incidir em novas fugas.

6 – Ao reencarnar, o suicida escolherá o tipo de provação compatível com suas necessidades?

Nenhum médico consultará um paciente com graves problemas mentais, sobre o tipo de tratamento que receberá. Sabe que ele não tem condições para isso. É o que acontece com o suicida, ao reencarnar. Em seu próprio benefício, o planejamento será feito por mentores espirituais.

7 – O suicida poderá reencarnar numa mesma família? Por exemplo: serem seus pais aqueles que foram seus filhos?

Se houver tempo... De qualquer forma, existindo uma ligação familiar autêntica, sustentada por laços espirituais e não os meramente sanguíneos, estarão juntos tanto na Espiritualidade quanto em experiências futuras. Afetos caros ao seu coração estarão empenhados em ajudá-lo, na Terra ou no Além. Hoje e sempre, o amor é o grande bálsamo das dores, o grande remédio para todos os males, a redenção para todas as faltas.

8 – Num processo reencarnatório imediato, de urgência, a fim de que o suicida supere seus desajustes maiores, se não houver possibilidade de retornar na mesma família, o que acontecerá?

Os mentores espirituais tratarão de localizá-lo junto a uma família disposta a exercitar a fraternidade, recebendo-o em seu seio. O amor legítimo ultrapassa as fronteiras das famílias espirituais, conduzindo-nos à gloriosa integração na família universal.

CONSEQUÊNCIAS FUTURAS

1 – Percebe-se, pelo exposto, que os tormentos do suicida, no Mundo Espiritual, não o redimem de seu desatino.

Situam-se por mero efeito imediato. Haverá todo um processo de *conserto*. Primeiro, o reparo dos desajustes perispirituais, os ferimentos produzidos no *corpo celeste*. Depois, enfrentará o desafio de limpar essa *rasura* na sua biografia como Espírito imortal, algo que demandará muito tempo e ingente esforço.

2 – Como ocorrerá esse "conserto"?

A carne atua como válvula de escoamento de impurezas espirituais, provocadas por nossos desatinos, quando desrespeitamos as leis divinas, particularmente o *não matarás*, do decálogo mosaico. A vida é uma dádiva divina que não nos compete eliminar, nem a do próximo, nem a nossa. Assim, tão logo haja condição, deverá o suicida reencarnar para os reajustes necessários, em difícil experiência expiatória. As lesões perispirituais repercutirão no corpo físico, produzindo males variados e inevitáveis sofrimentos.

3 – Isso sugere que não permanecerá por muito tempo na Espiritualidade?

Provavelmente, embora devamos considerar certa relatividade quanto ao tempo, envolvendo os dois planos. Um ano no Além pode representar um decênio na Terra. De qualquer forma, sempre que houver possibilidade, a tendência é promover a reencarnação o mais breve possível, como uma espécie de depurativo perispiritual, em regime de emergência.

4 – Haverá problemas no novo corpo?

Inevitavelmente. O perispírito é a *forma* da forma física. Se há desajustes nele, decorrentes do suicídio, tenderão a refletir-se na carne, dando origem a males variados, correspondentes ao tipo de agressão que o indivíduo cometeu contra si mesmo. Imagine a dona de casa preparando um bolo. Se a forma estiver amassada, haverá problemas.

5 – Como fica o indivíduo que se suicidou por afogamento?

Terá males envolvendo o aparelho respiratório, tipo asma, bronquite crônica, enfisema, com tendência à cronicidade. Os médicos enfrentarão dificuldades insuperáveis para erradicá-los, porquanto os recursos de que dispõem atingem apenas os efeitos, sem eliminar as causas profundas, que residem no corpo espiritual.

6 – Se ingeriu algum corrosivo, como soda cáustica?

Os males serão no aparelho digestivo, envolvendo refluxo gastroesofágico, hérnia de hiato, diverticuloses, esofagites, varizes, úlceras e tumores, estes, não raro, cancerígenos.

7 – Desde a mais tenra infância?

Normalmente sim, considerando que são *impressos* no corpo físico, a partir da concepção. Funcionam as leis de genética, envolvendo cor da pele, dos olhos, estrutura física, mas apenas como material básico para a construção da nova *residência*. O *acabamento* será do Espírito. O *bolo* crescerá *torto,* na forma irregular.

8 – Poderíamos considerar, então, que não há acaso na combinação genética que produz as deficiências físicas?

Exatamente. *A cada um, segundo suas obras,* ensinava Jesus (Mateus, 16:27). O que fizemos no passado fatalmente repercutirá no presente, proporcionando-nos facilidades ou dificuldades nas experiências humanas, premiando nossos esforços no bem e corrigindo nossos impulsos no mal.

EXISTÊNCIA BREVE

1 – Considerando as graves sequelas que envolvem o suicida, quando reencarna, podemos dizer que toda criança com problemas físicos e mentais foi um suicida?

É alguém com débitos do passado, porquanto ninguém sofre sem merecer, mas devemos evitar a generalização. Há outros comprometimentos espirituais que podem resultar em males semelhantes. Alguns exemplos: o indivíduo violento, que tende a renascer em corpo debilitado; o caluniador, com problemas na fala; o viciado em sexo, com disfunções nos órgãos genésicos...

2 – E a duração dessas existências reparadoras resultantes do suicídio?

Com raras exceções, o corpo não resistirá por longo tempo aos graves desajustes do perispírito, provocados pela agressão praticada pelo suicida contra si mesmo.

3 – De que adianta ao suicida o sacrifício de uma existência tão breve?

É como um tratamento de emergência para doenças graves. O Espírito retornará ao Mundo Espiritual menos comprometido, mais aliviado. Ao reencarnar, no desdobramento de experiências redentoras, haverá menores sequelas. Os pais tendem a apegar-se ao filho com graves problemas de saúde e questionam essa existência breve e torturante, afligindo-se com suas dúvidas. Não sabem como foram importantes para o suicida os seus cuidados, o seu carinho, ajudando-o a se recompor. Podemos situá-los como valiosos colaboradores de Deus, no soerguimento dos filhos.

4 – O avanço da Medicina tem permitido que males graves, eventualmente originários do suicídio, sejam tratados com eficiência, prolongando a existência de pacientes mirins. Isso não representaria mera dilação de sofrimentos, sem proveito para o Espírito?

Os avanços da Medicina da Terra obedecem à inspiração da Medicina do Céu. É muito bom que o Espírito do suicida possa dilatar sua experiência na carne, favorecendo mais amplo escoamento dos desajustes provocados pelo suicídio. São reduzidas à cronicidade doenças antes situadas por autêntico atestado de óbito, como o câncer, que também pode ter origem no suicídio.

5 – E se a Medicina conseguir neutralizar o mal em definitivo? Isso não estará prejudicando o resgate?

O sofrimento do suicida na carne não se situa como mero resgate. É muito mais um reajuste.

A Medicina funciona como instrumento da misericórdia divina, abreviando e amenizando seus padecimentos.

6 – E a justiça, como fica?

Um adolescente que inadvertidamente sofra uma fratura não está *pagando dívidas* com seu sofrimento. Apenas colhe as conseqüências de sua imprudência. Tanto melhor para ele se puder contar com recursos avançados da Medicina. As *fraturas perispirituais* decorrentes do suicídio podem ser amenizadas e abreviadas, dependendo dos recursos mobilizados e de seus próprios cuidados.

7 – Qual a condição do suicida que, em nova existência, desencarna nos verdes anos? Voltará à sua personalidade anterior?

Em seu próprio benefício, tenderá a conservar a atual, à espera de novo mergulho na carne. O fato de não se lembrar da existência anterior, em que cometeu o suicídio, o ajudará a recompor-se mais rapidamente.

8 – Permanecerá como criança?

Sim, aguardando o ensejo de reencarnar. Até que isso aconteça, poderá desenvolver-se sob a custódia de benfeitores espirituais que o orientarão como a qualquer criança da Terra.

TENTATIVA FRUSTRADA

1 – É grande a número de pessoas que tentam o suicídio, sem consumá-lo. Haverá consequências?

Todo ato de violência contra o próximo ou contra nós mesmos sempre repercute em nosso perispírito, gerando problemas que mais cedo ou mais tarde se manifestarão, na forma de males físicos ou psíquicos.

2 – A consequência será idêntica à do suicídio consumado?

Algo semelhante, mas longe da situação dramática do suicida, que, como temos comentado, destrambelha o perispírito e é projetado em regiões de grande sofrimento, onde *há choro e ranger de dentes,* segundo a sábia observação de Jesus (Mateus, 13:42).

3 – O suicídio não consumado gera um carma, uma penalidade a ser cumprida?

Um assaltante frustrado, que não consuma sua intenção, porque a vítima conseguiu furtar-se à sua ação, nem por isso será menos culpado, sujeitando-se às sanções da lei. O mesmo acontece com a intenção de suicídio. O suicida frustrado responderá por sua iniciativa infeliz.

4 – Às vezes, a tentativa de suicídio é apenas uma reação impulsiva, a partir de uma situação inesperada, como uma relação afetiva desfeita, a perda de um ente querido, o desastre financeiro, a constatação de uma doença grave. Ainda assim haverá consequências?

Como define o Código Penal, o grau de culpabilidade de alguém que comete um crime por impulso, num momento de desatino, é sempre inferior àquele que friamente planeja e executa um assassinato. Mas, assim como na situação anterior, estará sujeito às sanções da lei. O mesmo acontece com alguém que tenta o suicídio num momento de desatino.

5 – Há pessoas que tomam doses exageradas de medicamentos ou cortam os pulsos, mas sem a intenção de se matar. Querem apenas chamar a atenção. Estão isentas de responsabilidade?

Considere-se, em princípio, que muitas vezes essa intenção é mal calculada e o indivíduo acaba morrendo. Ainda que isso não aconteça, estará enquadrado na violência contra si mesmo, com a agravante da simulação, que leva constrangimento e dor às pessoas de seu relacionamento.

6 – *Digamos que alguém tenha tentado o suicídio várias vezes, sem conseguir seu intento. Depois, conhecendo a Doutrina Espírita, reconhece que cometeu um desatino. Haverá condições para que se furte às conseqüências daqueles atos?*

O apóstolo Pedro proclama (I Pedro, 4-8), sob inspiração de Jesus, que *o amor cobre a multidão dos pecados.* Os comprometimentos resultantes da tentativa de suicídio ou do suicídio consumado podem ser atenuados com o exercício do amor preconizado por Jesus, que manda façamos ao próximo o bem que gostaríamos nos fosse feito.

7 – *Considerando que a tentativa de suicídio é uma agressão ao perispírito, poderá o exercício do amor evitar as sequelas resultantes?*

Poderá não evitá-las totalmente, mas certamente as atenuará. Um mal da pele pode pedir algum tempo para ser superado, mas haverá confortador alívio, desde que o paciente se submeta a tratamento adequado. O exercício do amor é o *unguento divino* para os males da alma, sequelas de nossos comprometimentos com o desatino.

8 – *E onde fica a justiça?*

Jesus lembrava o profeta Oséias, ao proclamar (Mateus, 9:13): *Misericórdia quero, não sacrifício.*

A justiça da Terra oferece penas alternativas para determinados crimes, em trabalhos filantrópicos. O exercício do amor é a pena alternativa que a Misericórdia Divina nos oferece para resgate de nossos débitos perante a Divina Justiça.

TRANSTORNOS COM A FAMÍLIA

1 – O suicídio é sempre um transtorno para os familiares. As angústias e sofrimentos decorrentes podem ser tomados à conta de um carma?

Conviver com uma pessoa cheia de problemas, no âmbito familiar, pode ser carma, algo relacionado com o passado. Imperioso, porém, não incluir por compromisso cármico o suicídio. Seria um despropósito.

2 – Então os sofrimentos da família, em face do suicídio de um de seus membros, não foram programados? Não tinham que passar por isso?

Ninguém está destinado a enfrentar o suicídio de um ente querido, mesmo porque, obviamente, nenhum Espírito reencarna com o carma do autoaniquilamento. O suicídio é sempre um desvio de rota, jamais um programa existencial. É um desatino, nunca um destino!

SUICÍDIO TUDO O QUE VOCÊ PRECISA SABER

3 – Se é assim, o suicida também se responsabilizará pelos sofrimentos impostos à família?

Será responsável não apenas pela dor que os familiares sentirão naquele momento, mas, sobretudo, pelos traumas que repercutirão em suas emoções pelo resto da vida. Infelizmente, o suicida está tão empolgado por seus problemas, envolve-se tanto com o seu ego, que não abre espaço em sua mente para avaliar o mal que está fazendo a outras pessoas, com repercussões funestas em seu próprio destino.

4 – Há algo mais, além da responsabilidade pelo trauma na família?

Ele será co-responsável nos desajustes de comportamento e nas dificuldades que os familiares venham a enfrentar, em decorrência de sua ausência voluntária, na fuga desatinada.

5 – Por exemplo?

Digamos que ele seja arrimo de família, o chefe da casa. Com o suicídio, esposa e filhos poderão ficar em situação precária, passando por dificuldades e privações. Imaginemos algo pior: uma filha envolver-se com a prostituição, ou um filho a mergulhar na delinquência... Tudo isso lhe será debitado, ampliando a carga de seus compromissos e recrudescendo suas angústias.

6 – E se os filhos vierem a transviar-se por iniciativa própria, em face de suas fraquezas?

Não terá sido justamente para ajudá-los a superar suas limitações e fraquezas, evitando que se transviassem, que o suicida assumiu os compromissos da paternidade? Não é essa a missão dos pais? Com a fuga deixou-os entregues à própria sorte e responderá por isso.

7 – O suicida tem conhecimento disso tudo?

Em princípio, não. Segregado em regiões de sofrimento, purgatórios espirituais, não há espaço em sua mente para cogitar de algo além de seus próprios tormentos, empolgado por desajustes e sofrimentos superlativos, sem similar na Terra.

8 – Mas haverá um momento em que tomará esse conhecimento?

Fatalmente! Amparado em instituições socorristas, será chamado a avaliar suas experiências e informar-se da situação dos familiares. Pior do que os tormentos em que mergulhou com o gesto tresloucado, será sua angústia, caso eles tenham entrado por desvios de comportamento, o que não é raro acontecer.

FUGA

1 – Por que as pessoas se suicidam?

Normalmente é um ato de fuga. O indivíduo quer fugir de determinada situação que o atormenta – a morte de um ente querido, o desastre financeiro, a desilusão amorosa, a doença grave, como já foi comentado. Dominado pela angústia, resvala para o desespero e passa a enxergar na morte a solução para o seu problema, um mergulho no nada.

2 – Embora acovardado diante dos desafios da existência, não está o suicida exercitando a coragem de enfrentar o desconhecido?

A tragédia do suicídio está no fato de que, com raras exceções, as pessoas não desconhecem que haverá consequências funestas. Ainda assim, há tal premência em fugir do que as atormenta que acabam por cometer o ato insano.

3 – Por que isso acontece?

As religiões tradicionais concebem que a vida continua. Enfatizam que responderemos no Mundo Espiritual pelo que fizermos de nossa vida; destacam a existência de regiões infernais ou celestiais para onde irão as almas, de acordo com seu comportamento; concebem que o suicídio é um *pecado mortal*, passível, segundo seus dogmas, de impor tormentos para a eternidade. Todavia, não oferecem uma visão mais objetiva do Além. Permanecem nos domínios da especulação, que resvala para a fantasia.

4 – Não são convincentes?

Até podem ser para pessoas simples, que aceitam os dogmas de sua fé sem questionamentos, sem o crivo da razão. Estes podem ser contidos em seus impulsos de autodestruição, por medo de castigos infernais. Isso não ocorre com a maioria dos fiéis, que navegam na superficialidade da crença, sem uma convicção sólida de imortalidade.

5 – E qual a solução para convencer os candidatos à fuga de que, definitivamente, não é a melhor opção?

Um jovem, estimulado por companheiros, fumou maconha. Ao saber disso, o pai o levou a visitar um hospital para drogados, onde ele observou, estarrecido, o quadro dantesco de sofrimento e desajuste dos viciados. Tomando conhecimento do que o esperava nunca mais se envolveu com drogas. O Espiritismo, literalmente, nos *leva lá,* mostrando as consequências funestas do suicídio.

6 – É possível entrar em contato com quem se suicidou?

Ocorre em reuniões mediúnicas. Manifestando-se por intermédio de médiuns preparados para esse tipo de contato, os suicidas relatam seus tormentos. Tenho conversado, em inúmeras oportunidades, com esses infelizes. Revelam, unanimemente, que nenhum sofrimento da Terra se compara ao seu.

7 – Qual o resultado desse contato?

O candidato ao suicídio percebe que não é uma boa opção. Somente alguém que perdesse o uso de suas faculdades mentais continuaria a alimentar a idéia de matar-se, ao tomar conhecimento de que, literalmente, é *saltar da frigideira para o fogo.*

8 – E quando alguém, em virtude de uma situação que lhe parece insuportável, intenta matar-se, mesmo conhecendo as informações oferecidas pelo Espiritismo?

Quem estuda a Doutrina Espírita e cultiva a reflexão em torno de seus princípios, dificilmente exercitará tal desatino. Tem consciência de que as atribulações existenciais apresentam-se como ensejo de resgate de seus débitos cármicos para um reajuste diante das leis divinas, com vistas a um futuro de bênçãos.

IDEIA ACALENTADA

1 – A par dos gestos tresloucados de desespero, que levam ao suicídio, parece que acontece, também, como fruto de uma idéia acalentada.

Sem dúvida. Pode não ter ocorrido de forma bem definida, mas como algo sutil que vai tomando corpo. Primeiro, a sensação de que a vida está muito complicada; os problemas parecem insolúveis, as dificuldades, insuperáveis; a doença, insuportável; a desilusão, tormentosa...

2 – Depois, a idéia de que seria melhor "partir"...

É um curioso eufemismo que exprime uma convicção de imortalidade, a par da enganosa suposição de que é possível livrar-se dos dissabores como quem deixa uma casa, uma cidade ou um país.

3 – Dá para familiares e amigos perceberem que algo não vai bem com o candidato ao suicídio?

Sim, porque ele acaba falando sobre sua intenção. – *Estou atormentado e infeliz! São grandes demais os meus problemas! Gostaria que o solo se abrisse debaixo de meus pés!* Jesus dizia que a boca fala aquilo de que está cheio o coração (Lucas, 7:45). Sua observação serve também para os candidatos ao suicídio.

4 – Costuma-se dizer que quem ameaça matar-se não o faz.

Idéia equivocada, desmentida pelos fatos. É bom prestar atenção. A experiência demonstra que muitas vezes, ao falar de sua intenção de fuga, a pessoa está, inconscientemente, pedindo socorro, revelando-se no limite de suas forças.

5 – O que se pode fazer quando um familiar ou alguém de nossas relações envolve-se com a idéia?

Conversar sobre o assunto, alertá-lo de que a fuga não resolverá seus problemas, apenas os agravará, em forma superlativa. O esclarecimento é o melhor recurso para que a pessoa se disponha a eliminar de sua mente semelhante idéia. E, obviamente, ajudá-lo em relação aos seus problemas. Um gesto de solicitude, carinho ou solidariedade pode ter um efeito mais positivo do que o simples enunciado das consequências desse desatino.

6 – E quando, mesmo ante nossos esclarecimentos, o familiar ameaça suicidar-se se não atendermos às suas solicitações?

Geralmente, atitude dessa natureza é chantagem emocional, a qual não podemos nos render, sob pena de ficarmos na dependência de seus humores e caprichos.

7 – E se ele acaba por cometer o suicídio? Isso não acarretará culpa para nós?

Se o que a pessoa pretendia era algo irrazoável, mero capricho ou explosão temperamental, não há por que nos sentirmos culpados. Importante, no caso, que tenhamos a consciência tranquila, tendo feito o que é compatível com o bom senso, sempre dispostos a ajudar, sem expressões do tipo *"mate--se de uma vez e deixe de amolar"*, que não são raras nos desentendimentos familiares. Isso é instigar ao suicídio, atitude comprometedora.

8 – O que fazer para que a idéia do suicídio não tome corpo em nós?

Confiar em Deus, com a consciência de que todas as situações na Terra são transitórias e de que o que consideramos um mal, em nossa existência, pode ser a oportunidade de renovação. Crise, em ideograma chinês, significa *oportunidade.* Oportunidade de testemunhar nossas convicções e de crescer, enfrentando desafios.

POR AMOR

1 – Por que tantas pessoas se matam quando o parceiro interrompe o relacionamento afetivo?

É porque fazem dele o objeto de suas vidas, sem compreender que se trata de parte dela apenas, diante do objetivo maior – o nosso crescimento como filhos de Deus. Muitos ignoram ou esquecem que somos destinados à perfeição, convocados ao aprimoramento moral, espiritual e intelectual, incessantemente. As ligações afetivas representam um detalhe nesse contexto. Se as transformamos na razão de existir, *perdemos o fio da meada* e nos desajustamos. A partir daí, muitos males podem ocorrer em face de uma frustração amorosa, inclusive o suicídio.

2 – Mas não é o amor a parte mais importante da existência?

Sim, mas o amor verdadeiro, que se doa, que se dedica, que é capaz de exercitar valores cristãos, como a compreensão. Esta nos diz que ninguém é dono de ninguém e que todo relacionamento afetivo, nos domínios do romance, pede reciprocidade. Amor possessivo, que não se conforma com a separação, é sinônimo de egoísmo.

3 – Uma jovem foi seduzida e abandonada por rapaz inconseqüente, tipo mau-caráter. Humilhada e ferida em sua dignidade, cometeu suicídio. Qual será a sua situação?

Haverá atenuantes se considerarmos sua inexperiência e fragilidade. Mas isso não a isentará de desajustes e sofrimentos, ante a violência que praticou contra si mesma, não raro empolgada pelo desejo de *castigar* o autor de sua desdita, impondo-lhe constrangimentos e remorsos.

4 – Uma situação frequente é o rompimento de uma ligação estável. Chega o momento em que um dos parceiros conclui que já não lhe interessa aquela experiência afetiva. O outro, não raro, ameaça suicidar-se. Qual o grau de comprometimento de ambos, seja na mera tentativa, seja na consumação do suicídio?

O suicida estará sujeito aos problemas relacionados com o suicídio. Quanto àquele que rompeu o compromisso, a responsabilidade estará relacionada à maneira como conduziu a relação.

5 – Poderia exemplificar?

Em *O Céu e o Inferno,* Allan Kardec reporta-se a uma jovem que namorou, durante meses, um sapateiro. Ficaram noivos, já com casamento marcado. Então, por motivos fúteis, ela desistiu. O rapaz a procurou, sem que se dignasse recebê-lo. Desesperado, suicidou-se. O mentor espiritual que assistia Kardec informou que ela tinha responsabilidade no ato insano do rapaz, porque não o amava e sustentou uma ligação que deveria ter sido interrompida desde o início.

6 – *Após um namoro tumultuado, cheio de brigas e desentendimentos, uma jovem resolve romper a relação. Inconformado, o rapaz suicida-se. Ela também terá sua dose de responsabilidade?*

Aqui a situação é diferente. O namoro não estava dando certo e a jovem exercitou o direito de afastar-se e buscar novo relacionamento. As pessoas esquecem que em qualquer experiência afetiva é fundamental a reciprocidade.

7 – *Ainda que isenta de responsabilidade, certamente a jovem sofrerá um trauma com o desfecho trágico. O que poderá fazer para seguir com sua vida, reajustando-se?*

É uma situação que pede o concurso do tempo e uma postura positiva. Que considere a experiência infeliz como uma página que deve ser virada no livro da existência. Em seu favor está o fato de que não há crime em terminar uma relação que não está dando certo. O relacionamento no namoro é uma amostragem do que será o casamento. Não há boas perspectivas num namoro conturbado.

8 – Por que, não obstante a conturbação de um relacionamento, o casal insiste em sustentar uma relação de más perspectivas, que poderá descambar para a tragédia de um assassinato ou de um suicídio, como se vê frequentemente?

É o problema da paixão. Infelizmente, a grande maioria das ligações afetivas, na atualidade, inicia-se e sustenta-se na atração sexual, que inibe a razão. Quando um dos parceiros *cai na real* e resolve terminar, surge o problema.

PACTO DE MORTE

1 – Ouve-se falar de amantes que em face da frustração de seus anseios de união, firmam um pacto de morte, partindo juntos para o suicídio. Irão reencontrar-se no Mundo Espiritual?

Pobres infelizes, iludidos em sua pretensão! Além de atormentados por aflições superlativas, próprias do suicídio, terão a dor maior de se sentirem solitários, sem a almejada união.

2 – Digamos que eram almas afins, vivendo um grande amor. Mesmo assim ficarão separados?

Será o ônus maior do pacto de suicídio. Irão ambos estagiar em regiões umbralinas, tão envolvidos pelo sofrimento, que não terão tempo nem disposição para pensar no ser amado.

3 – Se legítimo é o amor que os une, terão a oportunidade de se reencontrar numa nova existência?

Sim, mas com o somatório de problemas físicos e espirituais oriundos do suicídio, e é bem provável que se vejam na repetição da mesma situação que motivou sua fuga – a impossibilidade de uma desejada união.

4 – Não seria mais fácil estarem juntos, para se auxiliarem mutuamente?

É preciso considerar que situações de um amor impossível guardam relação com problemas do passado. Surgem como elementos de amadurecimento e resgate para o par envolvido. Até que se disponham a enfrentar suas frustrações afetivas, conviverão com a impossibilidade de realizar seus anseios de união.

5 – E quando um dos cônjuges, inconformado com a morte do parceiro, pretende morrer para reencontrá-lo?

Decisão desastrosa, que revela total desconhecimento da vida espiritual. Como suicida, ele encontrará apenas as dores superlativas decorrentes da autoagressão, em situação muito pior do que a separação transitória. E complicará o futuro de ambos, já que o cônjuge também sofrerá com a sua dor, acompanhando, desolado, seu mergulho no abismo.

6 – Poderá ele fazer algo em benefício do suicida?

Se legítimos e fortes forem os laços que os unem, desenvolverá ingentes esforços, buscando ajudá-lo a reerguer-se, mobilizando a colaboração de benfeitores espirituais. Certamente estará disposto até mesmo a acompanhá-lo na reencarnação.

7 – Voltarão a se unir como marido e mulher?

É difícil definir qual será a natureza da relação entre ambos, mesmo porque o suicida tenderá a nascer com graves sequelas físicas ou mentais. Mais provável que se reencontrem ligados pelos laços da consanguinidade, pai ou mãe e filho, irmãos... O certo é que o cônjuge mais esclarecido atuará como autêntico enfermeiro do suicida. Serão experiências em comum que poderão se prolongar por várias existências, exigindo de sua parte renúncia, sacrifício e disposição de servir.

8 – Na Índia, em épocas remotas, por tradição, a esposa deixava-se consumir pelas chamas, junto com o cadáver do marido. Em tal situação, poderíamos considerá-la uma suicida?

Esse *deixava-se* não corresponde à realidade. Ela era obrigada a fazê-lo. Tratava-se de um costume bárbaro, inspirado na idéia de que a mulher deveria acompanhar o marido na viagem de retorno à vida espiritual. Mera vítima, não poderia assumir responsabilidade, embora pudesse enfrentar as dificuldades relacionadas com a morte violenta.

OBSESSÃO

1 – Pode alguém ser levado ao suicídio por influência de Espíritos obsessores?

Acontece com freqüência. Infiltrado nos pensamentos do obsidiado, o obsessor insiste na idéia do suicídio, que repercute, incessantemente, em sua tela mental, induzindo-o à iniciativa. Imaginemos alguém a nosso lado, a sugerir, em face de nossos problemas: *Acabe com seu sofrimento. Liberte-se dessa angústia! Não vale a pena continuar a viver! Mate-se!* É uma pressão terrível, tortura que acaba por minar a resistência da vítima.

2 – O obsidiado não será, então, enquadrado como suicida?

As influências espirituais não nos eximem de responsabilidade nos desatinos que venhamos a cometer. O obsessor não coagiu a vítima ao suicídio. Apenas sugeriu. Em última instância, o obsidiado é senhor de seus atos. Não obstante, podemos considerar que a ação obsessiva será fator atenuante, sem dúvida.

SUICÍDIO TUDO O QUE VOCÊ PRECISA SABER

3 – A consequência será menos danosa?

Sim, mas sempre condicionada ao grau de consciência que o obsidiado revele e de seu conhecimento do assunto. É um princípio que vale para todas as ações humanas. Quanto mais esclarecido é o indivíduo, maiores serão os seus compromissos com o bem e mais graves as conseqüências de seus comprometimentos com o mal.

4 – Digamos que o obsessor o domine inteiramente, num caso de subjugação, induzindo-o a matar-se...

Se a subjugação levá-lo à alienação total, o obsidiado já não será senhor de seus atos. Considere-se, entretanto, que não é fácil induzir um alienado ao suicídio. Com a consciência bloqueada, tenderá a prevalecer nele o instinto de conservação.

5 – E se houver uma pressão sobre a vítima, levando-a à depressão, que acaba por precipitá-la no suicídio?

Embora a depressão seja um fator de indução ao suicídio, não é determinante. O suicida não estará isento de responsabilidade por seu ato, porquanto, em última instância, foi ele quem optou pela comprometedora fuga.

6 – Como saber se um suicídio foi estimulado por Espíritos obsessores?

Podemos afirmar que sempre há a ação de obsessores. Eles aparecem como origem ou efeito da idéia de auto-aniquilamento. O indivíduo começa a pensar em suicídio por estar sob influência de obsessores, ou acaba sob influência de obsessores por pensar em suicídio.

7 – Como fica o obsessor que estimula alguém ao suicídio?

Será co-participante. Como tal, assumirá graves responsabilidades. Experimentará sofrimentos morais acentuados que o atormentarão, quando chamado a prestar contas de suas ações.

8 – E o que poderá fazer para reparar o mal praticado?

Deverá socorrer sua vítima. Não raro, um pai torturado, que cuida de filho com graves disfunções físicas e mentais, é o obsessor que o precipitou, no passado, nos abismos do suicídio. Refiro-me não apenas a sugestões infelizes de um desencarnado para o reencarnado, mas, não raro, ao *obsessor encarnado,* alguém que o lesou e infelicitou, levando-o a estados depressivos que favoreceram o sentimento de autoaniquilamento. Com a consciência desperta e reconhecendo a extensão do mal que praticou, haverá de empenhar-se em ajudá-lo no reerguimento.

BOMBAS HUMANAS

1 – Como situar os fanáticos que se vestem de bombas e explodem com elas em logradouros públicos, buscando matar o maior número possível de pessoas, em nome de seus princípios religiosos?

É lamentável que se cometam atrocidades sob inspiração de idéias religiosas. Religião, como sabemos, significa *ligar* ou *religar* a Deus, que é o Pai de todos nós. Absurdo que, em nome d'Ele, seus filhos se exterminem uns aos outros.

2 – Esses suicidas dizem inspirar-se no Alcorão.

Respeitáveis líderes muçulmanos têm reiterado que não há no Islamismo nenhuma orientação que estimule essas loucuras. Somente os fanáticos, interpretando ao pé da letra certas expressões de Maomé, veem nelas a inspiração para perpetrar tais atrocidades. Revivem esses infelizes as loucuras dos cristãos medievais, que evocavam a afirmativa de Jesus (Mateus, 10:34) – *não vim trazer a paz, mas a espada –*, como justificativa para o banho de sangue que envolveu as Cruzadas, guerras de conquista realizadas em nome do Príncipe da Paz. O Mestre apenas referia-se à incompreensão que cercaria seus adeptos, partindo dos próprios familiares.

3 – Não é o fanatismo uma justificativa para esses gestos tresloucados, à medida que o indivíduo acredita estar agindo "em nome de Deus"?

A ignorância pode atenuar a responsabilidade daquele que pratica o mal, mas jamais o isentará de penalidade. Somos filhos de Deus, o Pai de infinito amor e misericórdia, revelado por Jesus. Herdamos do Senhor Supremo a vocação para o bem. O mal é a negação de nossa própria natureza.

4 – Em que condições retornam ao Mundo Espiritual suas vítimas?

Habilitam-se a receber assistência dos mentores espirituais, que as ajudam a superar o trauma da morte violenta, embora devamos reiterar que nossa posição no Mundo Espiritual não depende tanto de como partimos, mas de como lá chegamos.

5 – O que significa isso?

O que importa não é a morte que sofremos, mas a vida que levamos. Um homem pode morrer num atentado e logo superar traumas, readaptando-se rapidamente à vida verdadeira, desde que tenha um comportamento ilibado. Já outro, que experimentou doença prolongada, teoricamente um bom preparo para a morte, pode retornar em estado de desequilíbrio, se demonstra apego ao imediatismo terrestre, sem cogitar dos valores espirituais.

6 – *E o homem-bomba?*

Dificilmente encontraríamos uma morte mais traumática. Além de agredir o perispírito pela violência contra si mesmo, assume a responsabilidade pela morte de suas vítimas, isso tudo sob impacto do mais desajustante de todos os sentimentos – o ódio.

7 – *E seus superiores, que planejam esses atos sinistros?*

Bem mais graves serão seus compromissos perante as leis divinas. Séculos se passarão, primeiro com sofrimentos inenarráveis no Mundo Espiritual, depois em reencarnações expiatórias das mais dolorosas, até que se recomponham.

8 – *Partindo do princípio evangélico de que não cai uma folha de uma árvore sem que seja pela vontade de Deus, podemos dizer que essas atrocidades acontecem para que as pessoas paguem suas dívidas?*

Quando Jesus fala em *vontade,* entendamos *consentimento.* Caso contrário estaremos atribuindo o terrorismo da Terra à inspiração do Céu. Deus não necessita do concurso humano para operar a Sua Justiça. O mal não acontece por desígnio celeste, mas pela maldade terrestre. Por isso, inelutavelmente, todos responderemos por ações que levem prejuízos ao próximo.

TENDÊNCIA ADQUIRIDA

1 – Pode alguém que se suicidou vir a cometer novamente esse ato insano numa existência futura?

Pode ocorrer. O suicídio é sempre um gesto extremo de fuga, ante situações indesejáveis. Tornando a enfrentá-las, como o aprendiz repetente, numa nova existência, ele poderá desenvolver a tendência de fuga, reincidindo no autoaniquilamento. Esse comportamento assemelha-se a um vírus de computador, como se no mais profundo de seu ser estivesse registrada a seguinte orientação: se houver complicações, *delete* a vida.

2 – Ao sofrer as dolorosas consequências de seu gesto de fuga não está o suicida sendo "vacinado" contra o suicídio?

A razão diz que sim. Mas o suicídio é, talvez, o mais irracional de todos os atos. Se o candidato à reincidência parasse por momentos, a cogitar do que falam as religiões a respeito do suicídio, e dos problemas que poderá enfrentar, não se atreveria a cometê-lo, dispondo-se a lutar contra a tendência de fuga.

3 – *Esse comportamento poderia perpetuar-se?*

O mal nunca se perpetua. Seria um fracasso de Deus, que não nos criou para uma perdição eterna. Sempre chega o momento de mudar, a partir do próprio indivíduo, ansioso por libertar-se de seus condicionamentos, ou em decorrência dos desajustes e limitações a que se sujeitará por suas fugas.

4 – *Como seria essa segunda hipótese?*

Os males cumulativos, provenientes do suicídio, resultam em reencarnações expiatórias marcadas por graves deficiências mentais ou físicas que lhe tolherão o livre-arbítrio, impedindo-o de matar-se. Imaginemos alguém com acentuado retardo mental ou grave deficiência física, inibindo por completo sua iniciativa, e teremos um quadro de contenção contra o suicídio. Obviamente isso não significa que todos os pacientes portadores desses males sejam suicidas reincidentes. Podem ter outras origens, a partir de comprometimentos com a rebeldia, o vício e o crime.

5 – *Seria "dar um tempo"?*

Exatamente. O tempo é o grande remédio para esses infelizes que podem estagiar durante séculos em tal situação, até que superem a tendência de fuga, compenetrando-se de que é preciso enfrentar os problemas com confiança em Deus e fé no futuro.

6 – Que outro recurso, além do tempo?

A educação. Em todas as instâncias, na Terra ou no Além, encarnado ou desencarnado, será decisiva a ação de generosos mentores espirituais que esclareçam o suicida, ajudando-o a compenetrar-se de que viver é preciso.

7 – O tempo e o conhecimento são suficientes?

Também o amor, talvez o recurso mais eficiente. Todos temos afetos caros ao nosso coração, que se situam adiante de nós, nos caminhos de Deus. Geralmente, essas almas nobres renunciam a estágios superiores para acompanhar os suicidas, em suas jornadas expiatórias, na condição de pais dedicados e diligentes, cercando-os de muito carinho e cuidados, a fim de que superem a tendência de fuga.

8 – E quando esses abnegados representantes do Bem veem infrutíferas suas tentativas?

Não se entregam à desolação, conscientes da paternidade divina. Renovam e sustentam suas iniciativas, reiterando o empenho de auxílio aos seus amados, até que estes se disponham a vencer suas limitações, optando por enfrentar os desafios da vida. Fomos criados para a perfeição e lá chegaremos mais cedo ou mais tarde. Tanto melhor para nós quando nos conscientizamos disso.

AUTOPUNIÇÃO

1 – Quando tomou consciência do crime que havia cometido, por dinheiro, Judas suicidou-se. Justifica-se o suicídio como um gesto de autopunição?

Estamos diante de um equívoco. Judas não cometeu a traição por dinheiro. Sua intenção era promover, com a prisão de Jesus, uma reação popular, iniciando uma revolução que levasse à ascensão do Cristianismo. Não entendeu nada da mensagem cristã. Quanto ao suicídio por suposta autopunição é um engano ainda mais lamentável, que apenas agrava os sofrimentos da consciência culpada.

2 – Não seria pelo menos uma atenuante?

Imaginemos alguém que, atormentado por um crime, amputasse o braço para punir-se. Seu gesto poderia inspirar compaixão, mas o tormento voluntário não o eximiria dos rigores da justiça, nem das dores e limitações resultantes.

3 – Há na história brasileira o suicídio famoso de Getúlio Vargas, que seus admiradores consideram um gesto de grandeza, a fim de evitar possível guerra civil. Não é uma boa justificativa?

Entendo como um gesto de fraqueza, uma fuga que traumatizou a nação e quase nos mergulhou no caos. Seria bem mais razoável se, simplesmente, houvesse renunciado.

4 – E o suicídio de Sócrates? Teve atenuantes?

Sócrates não se suicidou. Foi condenado à morte, pelo "crime" de ensinar a mocidade ateniense a pensar. A forma da execução foi obrigá-lo a ingerir cicuta, um poderoso veneno.

5 – No Japão medieval, e ainda hoje, há pessoas que praticam o harakiri, uma forma de redimir-se de uma falta ou de um fracasso, enfiando uma espada no ventre. Não estaria aqui o suicida justificado, considerando-se que se trata de uma questão cultural, uma tradição japonesa?

Desde tempos imemoriais e ainda hoje, há quem imagine que deva lavar a honra em sangue, quando ofendido ou traído, assassinando o desafeto. Faz parte da cultura da vingança, do revide. Não obstante, ainda que se justifique perante os homens, não estará justificado perante Deus. Vai responder por isso. O mesmo ocorre com o suicídio *em nome da honra*, um costume bárbaro do qual não cogitam aqueles que já entendem que o suicídio é sempre uma fuga, jamais uma redenção.

6 – Há indivíduos desiludidos que se expõem deliberadamente a situações de perigo, como numa guerra. Qual a sua situação no Mundo Espiritual, se vierem a morrer?

Retornam como suicidas. Não desejando a pecha de suicidas e sem coragem de tomar a iniciativa da própria morte, pretendem a condição de heróis que se imolaram por uma causa. Na mesma situação estão aqueles que, acometidos de graves enfermidades, recusam o tratamento adequado, que os salvaria da morte.

7 – Não lhes serve de atenuante o fato de que não violentaram o próprio corpo, como acontece com o suicida?

É como se o tivessem feito, com um fator agravante. Na sua insânia, acabam por cometer exageros, resvalando para a crueldade, antes de serem mortos. Responderão por isso, também.

8 – Podemos, então, enquadrar nessa situação todos aqueles que participam de uma batalha?

Não, porquanto, regra geral, não estão ali para morrer, mas para defender a própria vida e a sua pátria. Se não incorrem em imprudência, nem em crueldade, habilitam-se a uma situação bem menos traumática, se vierem a desencarnar.

INCONSCIÊNCIA

1 – O que é o suicídio inconsciente?

É quando a pessoa não toma consciência de que determinado comportamento, a sua maneira de viver, seus hábitos e costumes, podem complicar e abreviar a sua existência.

2 – Pode dar um exemplo?

Há inúmeros, a começar pelos vícios. O cigarro provoca câncer no pulmão, enfisema pulmonar, enfarto; o álcool *cozinha* o fígado; as drogas aniquilam o cérebro; a gula produz obesidade que sobrecarrega o corpo. Por isso, raros vivem integralmente o tempo de vida que lhes foi concedido.

3 – Quem come muito está se matando?

Quem o diz é a Medicina. Excesso de peso sobrecarrega o coração, além de favorecer inúmeros males como diabetes, cardiopatias, distúrbios circulatórios. A lista é imensa. E não é só a quantidade. Também a qualidade do alimento. A má alimentação adiciona toxinas ao corpo e subtrai tempo na carne ao Espírito.

4 – E onde fica o carma?

Carma é nascer deficiente físico, doença congênita. A maior parte dos problemas que complicam e abreviam a existência decorrem de mau uso, da falta de cuidado com o corpo, a máquina abençoada que Deus nos concede para as experiências humanas. Só que as pessoas se esquecem de que ela exige cuidados de manutenção e utilização.

5 – Se é assim, podemos dizer que, com raras exceções, somos todos suicidas inconscientes?

Correto. Na existência humana há o que os médicos chamam de *fatores de risco,* como a hereditariedade, resistência baixa em virtude de problemas genéticos. Mas o maior risco é a nossa maneira de viver. Passamos a vida maltratando o corpo. Acabamos expulsos dele, como de uma casa que desaba porque o morador negligenciou sua conservação.

6 – No Plano Espiritual, a situação daqueles que desencarnam por terem maltratado o corpo é a mesma dos que o fazem por iniciativa consciente?

Não, porquanto não têm a intenção de se matar, mas enfrentam dificuldades de adaptação. Partem antes do tempo, guardam ainda forte impregnação envolvendo os vícios e as situações da Terra. É como um balão que não se livra do lastro para ascender. Fica preso ao chão.

7 – Os viciados continuam a sentir a necessidade de satisfazer o vício?

Não há condicionamento apenas do corpo físico, mas, também, do perispírito. Assim, atormentam-se com a premência de consumir drogas, cigarros, bebidas alcoólicas... Há aqueles que apelam para a obsessão. Induzem viciados da Terra a buscar a substância de que carecem, a fim de que, ligando-se a eles, psiquicamente, possam satisfazer-se. Daí ser difícil a recuperação. O obsidiado tem sempre parceiros invisíveis, interessados em sustentar-lhe o vício, em proveito próprio.

8 – Assim como o suicida consciente, o inconsciente terá sequelas em existência futura?

Esse será o seu drama. O fumante terá problemas nos pulmões; o alcoólatra, no fígado; o drogado, no cérebro; o glutão, terá distúrbios hormonais. Funcionarão não apenas como resultado de seus excessos, mas também, como veículos de contenção, destinados a sofrear e eliminar as tendências e vícios desenvolvidos.

IMPRUDÊNCIA

1 – A imprudência no trânsito mata milhares de pessoas, anualmente, no Brasil. Podemos caracterizá-la como um suicídio inconsciente?

Não apenas no trânsito, mas em qualquer óbito decorrente dela. Sempre que desrespeitamos as regras da Vida, na jornada humana, ficamos por conta do que possa acontecer, incluindo a morte extemporânea, de funestas consequências.

2 – Não tem nada a ver com o carma?

Chico Xavier fala do *carma da imprudência*, cobrado de imediato. Seria a consequência de algo feito no passado, mas um passado tão próximo que se contaria em segundos, como uma ultrapassagem de veículo indevida, um *racha* no trânsito, uma disputa para ver quem bebe mais, e muitas outras situações em que, consciente ou inconscientemente, se pretenda desafiar a morte.

3 – E as pessoas que viajam com o motorista imprudente e, por culpa dele, morrem. Como ficam?

São amparadas pela Espiritualidade como vítimas, sem os problemas do motorista. Este estará em situação bastante delicada, responsável não apenas pelo suicídio inconsciente, mas também, por *homicídio culposo,* segundo a expressão jurídica. Não houve a intenção de matar, mas há a responsabilidade pela morte de pessoas, em decorrência da imprudência. Responderá por isso.

4 – Não é assustador que se possa morrer por imprudência alheia?

Viver na Terra é um risco. Há a fragilidade de nosso corpo, e estamos sujeitos às ações alheias nos domínios da imprudência e da agressividade. Basta lembrar milhões de pessoas que morrem nas lutas armadas, nas explosões da ira, nos atentados terroristas, nos assaltos... Nada disso *estava escrito.*

5 – Podemos dizer que toda morte por acidente é decorrente da imprudência, não estava programada?

Não devemos generalizar. Pode acontecer que a pessoa tenha uma atitude imprudente, o chamado *segundo de bobeira,* por força de seu destino, porque fazia parte de seu carma passar por essa experiência.

6 – E quando há a intenção de matar? Num assassinato, por exemplo, podemos dizer que chegou a hora da vítima, a resgatar uma dívida cármica, contraída ao assassinar alguém, em vida anterior?

Negativo. Ninguém mata ninguém para que a justiça divina se cumpra. Se considerássemos assim, todo assassino deveria morrer assassinado, o que seria a perpetuação do assassinato.

7 – Pessoas que exercem profissões de alto risco, como pilotos de corridas, podem ser enquadradas como suicidas inconscientes, se falecem num acidente?

Só se agirem de forma imprudente, o que é raro. Normalmente os profissionais que desempenham atividades de grande risco costumam cercar-se de sofisticado aparato de segurança. É mais fácil morrer num acidente de trânsito, na estrada ou na cidade, do que numa corrida daquela modalidade.

8 – O que podemos fazer para evitar uma morte não programada?

Cumprir o ensinamento de Jesus: *Sede prudentes como as serpentes e mansos como as pombas* (Mateus, 10:16). A prudência favorece a segurança na Terra. A mansuetude garante a proteção do Céu.

JOVENS

1 – A que se pode atribuir o aumento dos suicídios, envolvendo jovens?

Os jovens experimentam grande insegurança quanto ao estudo, à atividade profissional, à vida afetiva... Na atualidade é pior, em face da dificuldade para definir uma profissão, a precariedade do mercado de trabalho e a conturbação das relações afetivas, gerada pela liberdade sexual confundida com libertinagem. Tudo isso pode produzir profundas frustrações, que jovens de espírito frágil julgam insuportáveis.

2 – O Espírito reencarnante não se prepara devidamente para enfrentar esses percalços?

Aqueles que reencarnam com uma situação definida, em relação aos seus compromissos profissionais e sociais, têm maior segurança. Sabem o que querem e estão dispostos a lutar por seu futuro. O problema está com os que chegam sem um planejamento mais meticuloso. Situam-se meio perdidos ante os desafios existenciais.

3 – Não estaríamos aí diante de uma discriminação, já que alguns chegam mais bem preparados que outros?

Não se trata de preferência, mas de competência. Espíritos mais amadurecidos favorecem o planejamento. Os imaturos, que constituem boa parte dos reencarnantes, não revelam condições mínimas para dar-lhe cumprimento. Seria o mesmo que estabelecer metas para uma criança em tenra idade. Não fará o que esperamos dela. Terá que crescer, primeiro, desenvolver-se, amadurecer.

4 – Isso não seria entregar o reencarnante à própria sorte, favorecendo a decisão de fuga?

Os pais podem não planejar algo de imediato para seus filhos em tenra infância, mas, obviamente, cuidam deles, dando-lhes a retaguarda necessária para que possam desenvolver-se, até que atinjam a maturidade e assumam suas responsabilidades. O fato de não haver um planejamento para Espíritos imaturos não significa que estejam desprotegidos.

5 – Podemos situar a imaturidade de um jovem que reencarna sem planejamento específico, como atenuante para o suicídio?

Talvez, embora isso não o livre dos comprometimentos perispirituais próprios do suicídio.

Digamos que por ser *impúbere* não *irá preso,* mas sofrerá as consequências das lesões provocadas em seu perispírito, assim como não se prende o menino que, usando arma de fogo, dá um tiro em si mesmo. Não será passível de prisão, mas *baixará ao hospital.*

6 – Podemos incluir nessa problemática a influência espiritual obsessiva?

Sem dúvida! Ela está presente em todas as faixas etárias, envolvendo até mesmo crianças, que, sob essa influência, pensam em cometer suicídio.

7 – Assustador pensar que até crianças inocentes estejam sujeitas a esse problema...

Vemos a criança inocente, dependente, carente, mas não vemos o Espírito que ali está, com suas vivências passadas, seus erros, vícios, comprometimentos, que terão gerado inimigos ferrenhos no pretérito, dispostos à desforra no presente.

8 – O que devem os pais fazer para preservar os filhos dessas situações comprometedoras?

A primeira providência é alcançar a estabilidade no lar, sustentando um ambiente de concórdia e paz, que favoreça a ação dos benfeitores espirituais, neutralizando tais influências. Paralelamente, cultivar os valores do conhecimento, oferecendo-lhes, desde a mais tenra infância, o aprendizado da Doutrina Espírita, a fim de que superem suas tendências e aprendam a enfrentar seus problemas, sem caírem na tentação da fuga.

TÉDIO

1 – Você tem mantido contato com suicidas desencarnados?

Frequentemente. Como tenho acentuado, é um número maior do que se supõe. Muita gente simula morte natural ou por acidente, visando a um seguro de vida, que não é pago em suicídio, ou evitar constrangimentos maiores para os familiares. Há na literatura espírita inúmeros episódios envolvendo essa situação.

2 – Qual o motivo mais banal com o qual se deparou?

Conversei, certa feita, com um rapaz que tentou o suicídio, ingerindo altas doses de sonífero. Socorrido a tempo, estava internado no hospital, em recuperação. Perguntei-lhe sobre seus motivos. Brigara com a namorada? Desentendera-se com os pais? Estava desempregado? Descobrira ser portador de grave doença? Respondeu que não era nada disso. Tentara o suicídio simplesmente por estar entediado.

3 – Tinha religião?

Era o chamado *religioso não praticante*, que não participa de nenhuma atividade relacionada com sua crença. Religioso por tradição, materialista por comportamento. Essa sensação de vazio sem causas objetivas e claras, é típica de pessoas que não têm um ideal, uma meta inspirada em princípios relacionados com o Bem e a Verdade. E é um prato cheio para a influência de Espíritos perturbadores.

4 – Pensava na morte como um mergulho no nada?

Exatamente. A maioria das pessoas, mesmo religiosas, tem um comportamento assim. Acreditam vagamente que a vida continua, mas o seu comportamento é de alguém que imagina que tudo termina na sepultura.

5 – O ateísmo por convicção pode ser uma atenuante para o suicídio, de vez que o indivíduo não cogita de castigos futuros?

Apenas uma atenuante, nunca uma justificação. Em *O Céu e o Inferno*, Kardec reporta-se a um ateu que se matou por *"tédio de uma vida sem esperanças"*. Conscientizando-se, no Mundo Espiritual, de que o nada não existe, sentia-se como num braseiro moral, horrivelmente atormentado.

6 – O ateísmo pode ser provação?

Sim, embora associado ao atraso moral, visto que a consciência da presença de Deus é uma característica do Espírito evoluído. No caso citado, o manifestante informou que fora um Espírito mau, em pretérita existência e que por isso condenara-se aos tormentos da incerteza.

7 – Como é possível ser ateu, partindo do princípio de que não há efeito sem causa e que, sendo o Universo um efeito tão inteligente que transcende as limitações humanas, somos levados a admitir um Criador?

Kardec tem oportuno comentário a respeito, em *O Céu e o Inferno: Muitas vezes nos perguntamos como pode haver materialistas quando, tendo eles passado pelo Mundo Espiritual deveriam ter dele intuição; ora, é precisamente essa intuição que é recusada a alguns Espíritos que, conservando o orgulho, não se arrependeram das próprias faltas. Para esses, a prova consiste na aquisição, durante a vida corporal e à custa do próprio raciocínio, da prova da existência de Deus e da vida futura que têm, por assim dizer, incessantemente debaixo dos olhos. Muitas vezes, porém, a presunção de nada admitir, acima de si, os empolga e absorve. Assim sofrem eles a pena até que, domado o orgulho, se rendem à evidência.*

8 – Pode o Espírito conservar-se incrédulo, mesmo ante as evidências da vida espiritual?

Costuma-se dizer que àquele que crê, nenhuma prova é necessária; ao que não crê, nenhuma prova é suficiente. O próprio Espírito a que nos referimos, ao ouvir se estava convencido agora da existência de Deus, da alma, da vida futura, vacilou, dizendo: *"Ah! Tudo isso muito me atormenta!"* Situa-se como um cego ao qual a luz incomoda. Melhor cogitar do assunto na Terra, preservando-nos de idéias negativistas, para não enfrentar tais problemas depois.

GENÉTICA

1 – Pesquisadores americanos conseguiram estabelecer uma relação direta entre a tendência ao suicídio e os baixos níveis de serotonina no cérebro, a substância responsável pela sensação de bem-estar. Não é uma negação da tese espírita, que situa o assunto na área das tendências do Espírito e nas influências espirituais?

Sendo o perispírito, como comentamos, o modelo organizador biológico, que preside os fenômenos físicos, podemos dizer que os níveis de serotonina no cérebro de alguém obedecem não a simples fatores hereditários, mas à sua condição espiritual.

2 – E como ficam as leis de hereditariedade?

Elas funcionam, inelutavelmente, em relação à cor dos olhos, da pele, à estrutura óssea... Quanto aos detalhes, relacionados com saúde ou enfermidade, limitações ou exuberância física, depende do Espírito.

3 – Trata-se de algo planejado?

Pode ser, mas, ainda que não exista planejamento, determinadas características são *impressas no corpo físico*, atendendo a leis de automatismo psicobiológico, de conformidade com as necessidades do reencarnante.

4 – No caso da serotonina, o fato de haver mais ou menos produção no cérebro e, conseqüentemente, mais ou menos bem-estar, não depende, então, de fatores físicos que interferem na formação do cérebro?

Depende, sim, mas levando-se em consideração que eles não surgem a partir de aleatória composição genética, mas da condição do Espírito reencarnante, do seu passado, das experiências que desenvolveu.

5 – Digamos que ele traga determinadas perturbações, conservando uma ausência de iniciativa e a tendência ao acomodamento...

Favorecerá a moldagem de uma estrutura cerebral com produção de baixo nível de serotonina, obedecendo não a fatores aleatórios, geneticamente, mas a fatores espirituais, envolvendo a sua condição de herdeiro de si mesmo, daquilo que foi no passado. O nível de serotonina será sempre a consequência de seu comportamento pretérito, nunca a causa de seu comportamento presente ou de sua vocação para o suicídio.

6 – Ainda em relação ao suicídio, há casos em que várias gerações de uma família se envolvem com o suicídio. Não há aí uma influência genética?

Há uma afinidade espiritual. Espíritos que têm essa tendência, unidos na carne para experiências redentoras, guardam a tendência para a fuga, da mesma forma que podemos ter numa mesma família, em várias gerações, o nascimento de artistas, ali reunidos não por hereditariedade, mas por afinidade musical.

7 – Será possível ao indivíduo que traz um baixo nível de serotonina, favorecendo idéias de auto aniquilamento, fruto de suas limitações espirituais, inverter essa situação?

Deus nos faculta o livre-arbítrio, com o qual podemos mudar as situações de nossa vida, mesmo porque ninguém nasce para ser suicida. Quanto aos baixos níveis de serotonina no cérebro, há tratamentos médicos com bons resultados, desde que o paciente compenetre-se de que está apenas cuidando de efeitos. É preciso atacar as causas dessa tendência, que residem no Espírito, buscando uma existência ativa, pautada nos valores do Bem e da Verdade.

8 – *Digamos que ele não consiga e acabe por suicidar-se. Haverá atenuantes, tendo em vista o problema da serotonina?*

Pode haver essa atenuante, mas, por outro lado, a agravante de não ter se esforçado por mudar a situação, partindo do princípio de que ele não reencarnou com suposto *carma* do suicídio e, sim, com o compromisso de vencer suas tendências inferiores.

EUTANÁSIA

1 – Como situar a eutanásia, a chamada morte branda, quando se trate de um paciente atormentado por males graves e irreversíveis?

Trata-se de um assassinato, pelo qual responderão os implicados, perante as leis divinas. *Não matarás,* orienta o quinto mandamento da Lei Divina, recebida por Moisés no monte Sinai (Êxodo, 20:13), onde está registrado o que ao Homem não é lícito fazer.

2 – Não seria um ato de misericórdia?

A misericórdia sugere que amenizemos sofrimentos do paciente, não que o eliminemos. A eutanásia transfere tal decisão, que é da competência de Deus, para o médico ou para a família. A vida é dom divino que não pode atender às conveniências e disposições humanas. O Senhor nos encaminhou à experiência física. Compete a Ele definir quando devemos partir.

3 – Como ficará no Mundo Espiritual alguém que morreu por iniciativa da família ou dos médicos?

Geralmente essa providência é tomada a partir da aplicação de fortes doses de anestésicos, que paralisam o sistema respiratório, promovendo a morte. Em tal situação, o paciente terá maiores dificuldades para retomar a consciência, após desligar-se do corpo, além de perder as oportunidades de depuração perispiritual que a doença de longo curso oferece, como autêntico *tratamento de beleza para a alma.*

4 – E se a iniciativa é do próprio paciente?

Então estaremos numa situação ainda mais grave. O paciente estará enquadrado no crime do suicídio, pretendendo fugir de provações que não raro ele próprio escolheu, ao reencarnar.

5 – Pacientes com graves dificuldades físicas, presos ao leito irremediavelmente, como os tetraplégicos, defendem na justiça o direito de praticar a eutanásia. E se os tribunais autorizarem?

É um pensamento materialista, inconcebível quando aceitamos a continuidade da vida no Mundo Espiritual, onde nos pedirão contas de como vivemos e, também, de como morremos.

SUICÍDIO TUDO O QUE VOCÊ PRECISA SABER

6 – Que dizer de alguns países, onde há, hoje, uma legislação que admite a eutanásia?

À medida que as coletividades evoluem, a legislação humana tende a aproximar-se da Legislação Divina, consubstanciada nas lições de Jesus, que enfatizam o respeito à Vida. Se uma sociedade afasta-se do Evangelho, entra na contramão desse processo, com consequências funestas. O legislador que institui a eutanásia, tanto quanto os médicos que lhe dão cumprimento, as famílias que a aprovam e os pacientes que se submetem, responderão por isso.

7 – Há pacientes que se sentem no limite de suas forças e pedem, insistentemente, a morte. Que Deus os leve, pondo fim aos seus padecimentos. Há algum mal nisso?

Estão enquadrados no problema da inconformação. Não estão aceitando os desígnios divinos, que sempre funcionam em nosso benefício. Tivesse o paciente a ideia do que representa a dor suportada com paciência e confiança nos poderes espirituais, em relação ao seu futuro, e não agiria dessa forma, o que apenas acentua seus padecimentos, longe de aliviá-los.

8 – *Se o paciente terminal é sustentado por aparelhos,*
o que apenas prolongará seus padecimentos, seria
condenável desligá-los?

Aí é diferente. Se chegou a hora do paciente, não há por que segurá-lo. Os médicos, sempre empenhados em preservar a vida, devem ter a sensibilidade para saber que ele merece morrer com dignidade, no recesso do lar, cercado pela família, e não na frieza de uma UTI, prolongando sua agonia. Temos um exemplo típico na figura do Papa João Paulo II, que poderia estender sua existência por dias ou semanas, se ligado a aparelhos, no hospital, mas preferiu morrer em seu quarto no Vaticano, embarcando, tranquilo, no comboio da Morte, de retorno à Espiritualidade.

FUGA OU DEFESA?

1 – Grande incêndio toma conta de um prédio. Antes que sejam socorridas, muitas pessoas, para escapar às chamas, saltam de grande altura, estatelando-se no chão. Podemos considerar que aconteceu um suicídio?

Não, porque não houve a intenção do auto--aniquilamento. Foi apenas um gesto instintivo de defesa. A temperatura, numa situação dessa natureza pode chegar a mil graus centígrados. Imaginemos o que seja isso, considerando que a água ferve a cem graus. Literalmente, as pessoas derretem. Em incontida desesperação, pulam para escapar desse inferno insuportável.

2 – Como ficam no Mundo Espiritual?

Retornam na condição de acidentados. Prontamente recebem apoio de dedicados socorristas, que logo se apresentam para amenizar seus padecimentos e providenciar sua internação em hospitais da Espiritualidade, especializados nesse tipo de atendimento.

3 – São afetados, perispiritualmente?

A morte violenta sempre tem repercussão no perispírito, mas nada que se compare aos lamentáveis desajustes que marcam os suicidas. São, digamos, *escoriações,* perfeitamente superáveis, sem sequelas, à medida que o Espírito tome conhecimento de sua nova situação e se reintegre na vida espiritual.

4 – Considerando que a morte num incêndio pode ser cármica, algo pelo qual o indivíduo deve passar, não estaria configurada uma fuga?

Quem pode garantir que o seu carma era morrer devorado pelas chamas? Por que não haveria de ser o de estatelar-se no chão, precipitando-se de grande altura? Outra hipótese é de que não tenha sido nada disso. Estaríamos apenas diante de uma contingência da própria existência humana.

5 – Passar por essa situação sem merecer?

Imaginemos um sentenciado numa penitenciária. O ambiente é péssimo, presos de alta periculosidade. Ele poderá ser agredido, seviciado e morto. Nada disso terá acontecido como parte de sua penalidade, mas, simplesmente, porque está ali. O mesmo acontece conosco na existência humana. Carma é viver na Terra. O resto é decorrência.

6 – E como evitar ocorrências não programadas, relacionadas com as contingências da Terra?

Jesus nos oferece a orientação perfeita: oração e vigilância. É preciso que estejamos atentos, guardando prudência em nossas ações e cultivando a oração. Muitos males seriam evitados se estivéssemos bem sintonizados com os mentores espirituais, sempre empenhados em preservar nossa integridade.

7 – Em situações dessa natureza há pessoas que são, por assim dizer, desviadas do perigo. Como justificar? Estavam bem sintonizadas? Tiveram merecimento?

Aqui entramos no terreno do imponderável. Essas e outras hipóteses estão no âmbito do possível. Como exprimia Shakespeare, *há mais coisas entre a Terra e o Céu do que concebe nossa vã sabedoria.*

8 – A recuperação daqueles que morrem em tal situação é rápida?

À exceção do suicida, cujo *post-mortem* é sempre doloroso, nossa situação, além túmulo, não depende tanto de como morreremos, mas de como estamos vivendo. Alguém pode morrer tragicamente e logo se recompor, enquanto outro, que teve doença de longo curso, enfrentará dificuldades.

EM FAVOR DELES

1 – Diante das revelações dramáticas da Doutrina Espírita sobre o sofrimento dos suicidas, o que podem os familiares e amigos fazer por eles?

Em primeiro lugar, considerar que os suicidas não perderam a filiação divina, nem estão irremediavelmente confinados em regiões infernais. Deus faz-se presente junto deles, representado por mensageiros do Bem, que os observam e amparam, ainda que, em sua confusão mental e nos tormentos que os afligem, não tenham consciência disso. E aprendem uma lição amarga, mas necessária – inútil e comprometedor atentar contra a própria existência. Somos seres imortais e, fatalmente, colheremos funestas consequências.

2 – Algo mais, além de confiar em Deus?

É preciso fazer cessar o fluxo das lembranças amargas. Deixar de projetar na tela mental as imagens e circunstâncias relacionadas com sua morte. Se ele pôs fogo no corpo, por exemplo, evitar vê-lo a debater-se, sendo devorado pelas chamas. Interpor entre ambos a figura de Jesus, rogando seu amparo.

3 – *Isso tem alguma analogia com a situação do suicida?*

Como acontece com todos os recém-desencarnados, ele permanece ligado psiquicamente aos familiares e é afetado pela natureza de seus pensamentos e emoções, que podem aliviar ou exacerbar seus padecimentos, de conformidade com sua natureza.

4 – *Não é difícil essa postura, principalmente da parte dos familiares, ainda sob o impacto do acontecimento? Não se afiguram naturais essas lembranças?*

Sem dúvida, mas, diante da morte, principalmente quando decorrente do suicídio, devemos pensar naquele que partiu, nas suas dificuldades, nos seus sofrimentos. É imperioso calar lamúrias e superar questionamentos perturbadores, para livrá-lo da carga adicional de nossas amarguras, no fardo de suas culpas.

5 – *A oração ajuda?*

É o melhor recurso. Dizem Espíritos suicidas que a oração em seu benefício é o refrigério de suas almas. Quando oramos por eles, nossas vibrações lhes proporcionam brando alívio. A dor lhes é menos intensa, os remorsos menos abrasivos.

6 – E o que mais?

A prática do Bem, envolvendo nossos esforços em favor do próximo. Atendamos necessitados, socorramos aflitos, amparemos carentes de todos os matizes em seu nome, vinculando-nos a instituições que se dedicam a esse mister, onde o trabalho será mais produtivo. Nossos gestos resultarão em luzes que iluminarão os caminhos do suicida, amenizando e abreviando seus padecimentos.

7 – O que o Centro Espírita pode fazer pelos suicidas?

Vários recursos devem ser mobilizados. Há o trabalho de vibrações, nas reuniões mediúnicas, em que o grupo mentaliza os suicidas, endereçando-lhes pensamentos de amor. Há, também, a possibilidade de sua manifestação nesses grupos. O contato com as energias do ambiente mediúnico funciona, para eles, como um tônico poderoso, revitalizando-os e ajudando-os a superar os sofrimentos mais intensos. É no Centro Espírita que as família recebem as orientações necessárias em favor da própria recuperação, mudando sua postura em relação ao acontecido e habilitando-se a ajudá-los de forma efetiva.

8 – *Como conseguir o concurso do Centro Espírita?*

Centros Espíritas bem organizados possuem o serviço de atendimento fraterno, em dias específicos. Os interessados podem conversar com os plantonistas, que tomarão as providências necessárias.

REUNIÕES MEDIÚNICAS

1 – Ocorrem com freqüência as manifestações de suicidas em reuniões mediúnicas, nos Centros Espíritas?

Sim, e é altamente benéfico para eles, desde que haja médiuns em condições de suportar a carga de seus desequilíbrios e amarguras, num ambiente bem ajustado, participantes bem entrosados, conscientes, responsáveis. O padrão vibratório do suicida é pesado; suas emoções são muito fortes. Não é para qualquer grupo.

2 – O médium experimenta as sensações do Espírito?

Não na mesma intensidade, o que tornaria impossível sustentar o intercâmbio, mas experimentará algo de seus tormentos e angústias, o que poderá inviabilizar a manifestação se ele não estiver bem preparado e escorado pelo grupo.

3 – Todos os suicidas manifestam-se?

Seria ótimo que isso acontecesse, mas é impraticável. Não há reuniões mediúnicas em quantidade e qualidade suficiente para atender à demanda. E nem todos os suicidas apresentam-se em condições. A maioria tende a estagiar por longo tempo em regiões sombrias, compatíveis com seu padrão vibratório extremamente desajustado, sob a observação de mentores espirituais que aguardam o momento adequado para interferir em seu benefício.

4 – No que a manifestação poderá ajudar o suicida?

Ele vive na Espiritualidade uma situação de inconsciência, como um sonâmbulo. O contato com as energias do ambiente e do médium o revitalizam e ele desperta, como um agonizante anêmico que recebesse abençoada transfusão de sangue. É a partir daí que ele adquire condições para dialogar.

5 – Há grupos mediúnicos que se especializam em atender suicidas?

É o ideal, escolhendo-se *a dedo* participantes que conheçam o problema e estejam perfeitamente conscientes de suas responsabilidades. Não obstante, numa emergência, qualquer grupo mediúnico experiente, com médiuns em razoáveis condições, poderá beneficiar Espíritos dessa natureza.

6 – Nas reuniões das quais você participa ocorrem essas manifestações?

Sim. Tenho conversado com alguns. Há pouco me deparei com uma jovem que se matou por afogamento. Como todo suicida, ela trazia a impressão de que estava naquela situação dramática, sofrendo muito, sentindo-se afogar. Essa, como temos acentuado, é a dificuldade maior do suicida. As circunstâncias de sua morte reproduzem-se, incessantemente, em sua tela mental, como se fosse um filme de terror, a reprisar sempre a mesma cena dantesca.

7 – Qual o teor da conversa?

Como acontece com todos os sofredores em reuniões mediúnicas, o suicida permanece obcecado por lembranças relacionadas com o tipo de morte. Nossa tarefa é dar-lhe condições para recompor-se, sem críticas ou admoestações. Para uma ajuda efetiva há necessidade de muito carinho do grupo, vibrando em seu favor. Mesmo assim, não é com uma simples manifestação que se resolve sua situação. Demanda tempo. Geralmente esses Espíritos manifestam-se várias vezes, sempre amparados por mentores espirituais e familiares desencarnados.

8 – O suicida sai em melhores condições?

Sim, principalmente quando conseguimos induzi-lo a orar. Em face de seu desespero, em extrema agitação, experimenta grande dificuldade para elevar o pensamento em prece. Quando consegue, os resultados são animadores.

ANJOS DA GUARDA

1 – Segundo concepções teológicas milenares, todo ser humano tem um anjo da guarda. O que o Espiritismo nos diz a respeito?

Contamos, mais apropriadamente, segundo a terminologia espírita, com um *mentor* ou vários deles. São componentes de nossa família espiritual, ligados ao nosso coração, que nos protegem e inspiram nas situações adversas. Essa realidade está expressa em todas as culturas e tradições, desde a mais remota antiguidade.

2 – Quando alguém se suicida, falharam os mentores?

Eles não são babás, lidando com crianças, nem guardam a responsabilidade de um guarda-costas. Atuam como orientadores, procurando, pelos condutos da inspiração, mostrar-nos os melhores caminhos. Sobretudo, buscam demover-nos de semelhante loucura, quando nos deixamos dominar pela desvairada suposição de que seria melhor morrer.

3 – Por que não conseguem, com sua inspiração, evitar que seus pupilos comprometam-se no suicídio?

Quando o indivíduo começa a cogitar do suicídio, entra numa espécie de curto-circuito mental, uma conturbação íntima, que o torna impermeável à ajuda espiritual.

4 – Não consegue captar seus pensamentos?

Exatamente. Não podemos esquecer de que nossas relações com os Espíritos obedecem ao fator sintonia, determinada pela natureza de nossos sentimentos e idéias. Quem pensa em se matar está muito mais aberto à sintonia com Espíritos perturbadores, que aproveitam essa brecha em suas defesas espirituais para imiscuírem-se com sugestões danosas.

5 – Então, não há nada que os benfeitores possam fazer?

Há, sim, por intermédio de pessoas ligadas ao candidato ao suicídio. Digamos que um amigo esteja fechado em sua casa, na iminência de atentar contra a própria vida. Seus mentores podem inspirar-nos a visitá-lo. Um simples contato, uma palavra, um gesto de solidariedade, podem demovê-lo de seu intento, mudando suas disposições e abrindo campo para uma ajuda mais efetiva da Espiritualidade.

6 – *Isso acontece com freqüência?*

Sim, e seria bem maior o número de suicídios se não houvesse a ação dos benfeitores espirituais. Eles têm o maior interesse em preservar nossa integridade, socorrendo não apenas os candidatos ao suicídio, mas a todos aqueles que enfrentam privações, problemas, doenças e dificuldades.

7 – *Pode ocorrer que os mentores espirituais não encontrem instrumentos de boa vontade para intervir?*

Infelizmente, é o que mais acontece. Raros estão de *antenas ligadas*, cogitando de valores espirituais, abertos ao exercício da fraternidade. Lembro o caso de um homem que entrava no prédio onde morava, num domingo, à tarde. Veio à sua mente a figura de um jovem, que vivia sozinho, em outro andar. Sentiu forte desejo de visitá-lo. Sabia que estava com problemas. Não obstante, preferiu ir para seu apartamento, dormir. Depois ficou sabendo que, enquanto dormia, o vizinho matara-se. O desejo de visitá-lo nasceu da inspiração dos mentores espirituais. Infelizmente, ele refugou.

8 – Podemos imputar-lhe alguma culpa ou responsabilidade em relação à tragédia?

Evidentemente, não, mesmo porque não tinha consciência do que estava acontecendo, nem exerceu nenhuma influência sobre o suicida. Situa-se apenas como um exemplo dos problemas dos mentores espirituais quando se dispõem a socorrer alguém por intermédio de um reencarnado. Dificilmente encontram gente bem sintonizada, disposta a ceder aos apelos da solidariedade.

CERTEZAS

1 – Todas as religiões condenam o suicídio e acenam com o sofrimento eterno para os suicidas. No entanto, as pessoas continuam a exercitar o auto aniquilamento. Por quê?

As religiões são especulativas a respeito da Vida Espiritual. Intuem os teólogos que haverá sofrimentos para o suicida, mas ficam na fantasia, quando se trata das consequências. É preciso mais do que fantasias para convencer alguém de que o suicídio é uma complicação, não uma solução para seus problemas.

2 – No que o Espiritismo pode ser mais convincente/

Nas informações que chegam da Espiritualidade, sobre o assunto, em livros como *O Céu e o Inferno,* de Allan Kardec, onde temos o testemunho dos próprios suicidas. Eles reportam-se, em narrativas pungentes, às surpresas desagradáveis que os esperavam, a começar pela constatação de que não morreram, apenas desencarnaram.

3 – Não temos aí o mesmo problema da fé? Acreditar nessas narrativas? E se forem fantasias dos médiuns?

Um médium pode fantasiar, mas se muitos médiuns, sem contato entre si, transmitem experiências semelhantes dos suicidas, deixamos o terreno da fantasia e temos o que Kardec chamava de universalidade dos ensinos, dando-lhes autenticidade.

4 – É a fantasia ou a falta de fé que favorece o suicídio?

A fantasia induz à descrença. De nada vale dizer ao candidato ao suicídio que ele arderá em chamas eternas, sem remissão se, na sua concepção, trata-se de mera especulação teológica. E proclama, enfático, que ninguém voltou do Além para confirmar que a vida continua. O Espiritismo demonstra que é possível conversar com os mortos e receber deles informações precisas sobre o que acontece com o suicida.

5 – O que você tem observado em seus contatos com suicidas, nas reuniões mediúnicas?

A confirmação dessa universalidade de experiências. Todos se apresentam atormentados em princípio, revivendo o momento trágico da fuga, a repercutir incessantemente em sua consciência. Depois é o remorso, a angústia pelo comprometimento e a perda de tempo.

6 – O candidato ao suicídio, ainda que tomando conhecimento da vida além-túmulo, parece não convencido das consequências, tanto que acaba se suicidando...

É um engano. O suicida é quase sempre alguém que não tem noção do que o espera. Fala-se que o gesto extremo é um misto de covardia e heroísmo – o covarde que foge dos desafios da Vida; o herói que enfrenta os mistérios da morte. O conhecimento sobre o assunto inverte o processo, tornando-o o herói que enfrenta os desafios da Vida por conhecer o que a morte reserva aos que se acovardam.

7 – Por outro lado, quem se suicida não pensa. Se pensasse, não se suicidaria.

A missão do Espiritismo é justamente a de nos fazer *pensar a Vida,* conscientizando-nos de que não estamos na Terra em viagem de férias. O objetivo fundamental de nossa passagem pelo Mundo é a nossa evolução. Dores são resgates; problemas são estímulos; dificuldades são desafios; crises são testes que avaliam nosso aprendizado. No somatório, temos abençoadas oportunidades concedidas por Deus, em favor de nosso crescimento como Espíritos imortais.

8 – Considerando assim, podemos dizer que a grande maioria da Humanidade está numa espécie de marca-passo espiritual, sem saber nem mesmo por que vive?

Sem dúvida. O ideal seria que todos soubessem, que tivessem consciência disso. Caminhariam mais depressa. Não obstante, algo se aproveita, com o acúmulo de experiências. Antes que floresça e frutifique, a árvore tem que crescer. Estamos todos em lento crescimento, no ventre da mãe Terra.

EXPERIÊNCIA DE QUASE MORTE

1 – O que é a experiência de quase morte?

A chamada EQM envolve pacientes que sofreram uma parada cardíaca, configurando o óbito. Atendidos prontamente por uma equipe médica, com a utilização de recursos como adrenalina intracardíaca, choque elétrico, respiração artificial, o coração pode voltar a funcionar, se o estrago não foi grande. Há, também, a questão do tempo. É preciso que esse procedimento tenha início no máximo quatro minutos após o falecimento. A partir desse limite as células cerebrais começam a morrer, sem possibilidade de reversão.

2 – O paciente lembra de algo, ao ser ressuscitado e despertar?

É exatamente em torno desse tempo crucial que se desenvolvem as pesquisas sobre o assunto. No *best-seller Vida depois da Vida,* o médico americano Raymond A. Moody Jr. reporta-se às entrevistas que fez com dezenas de pacientes que passaram pela morte clínica e tornaram à vida, colhendo informações sobre o que aconteceu com eles enquanto estavam mortos.

3 – *Todos se lembram?*

Nem todos, e há também os que preferem não falar sobre o assunto, temendo que familiares concebam serem fruto de distúrbios mentais as suas lembranças. Mas os que se recordam e falam sem temores, reportam-se a uma experiência inesquecível, em que se sentiam vivos, embora o corpo estivesse morto.

4 – *Todos têm as mesmas lembranças?*

Diz o doutor Moody: *Apesar da notável semelhança entre vários relatos, não há dois deles exatamente iguais.* Há pontos em comum, como a viagem por um túnel, ampliação dos sentidos, contato com um ser iluminado, a informação de que ainda não chegou a hora de seu retorno à vida espiritual e, sobretudo, a sensação de flutuar acima do corpo físico, observando, não raro, os esforços dos médicos por ressuscitá-los.

5 – *Qual o ponto de vista da comunidade médica?*

Como sempre, no confronto entre materialismo e espiritualismo, a comunidade médica pende para o primeiro. Não se envolve com pesquisas sobre o assunto, negando, *a priori*, a possibilidade de uma experiência extracorpórea. Limitam-se, seus representantes, a conjecturas sobre a possibilidade de que as células cerebrais possam sustentar a consciência nos minutos em que o paciente está morto, embora exames com o eletroencefalograma demonstrem não haver atividade nelas.

6 – *E o Espiritismo?*

Já na codificação da Doutrina Espírita, no século XIX, antes dos avanços da Medicina que favorecem o ressuscitamento, os Espíritos traziam informações do que acontece no momento da morte, exatamente como descrevem os que passam pela EQM.

7 – *Qual a relação existente entre a EQM e a problemática do suicídio?*

O Dr. Raymond entrevistou pacientes que tentaram o suicídio e passaram por uma EQM. Experimentaram as emoções e pavores descritos pelos Espíritos de suicidas, como uma antevisão do que os esperava. Uma experiência tão dramática e marcante que eles dificilmente voltariam a cogitar de uma fuga.

8 – *A EQM seria uma solução para a problemática do suicídio?*

Para aqueles que passam pela experiência, sem dúvida. Mais razoável, porém, buscar o esclarecimento a respeito do assunto, já que não há como forçar uma situação dessa natureza e nem sempre é possível trazer de retorno à vida física os que deliberadamente atentam contra ela.

TERAPIA DAS VIVÊNCIAS PASSADAS

1 – As pessoas atormentadas por problemas físicos e espirituais, decorrentes de experiências desastrosas em vida passada, não teriam maior ânimo para enfrentá-los se conhecessem sua trágica experiência?

Poderíamos inverter a questão: o homem comprometido com desatinos e crimes não gostaria de esquecer o passado e enfrentar o presente sem as pressões da consciência ou daqueles que conheceram seus desvios? O esquecimento é a grande bênção que Deus nos concede em favor de nossa renovação, enfrentando os reajustes do presente sem o peso do passado.

2 – Não obstante, não é complicado alguém ser preso sem saber o motivo de sua prisão? Cumprir pena sem noção do crime pelo qual foi condenado?

A justiça humana só oferece oportunidade de reabilitação para o sentenciado, após este haver cumprido a sentença. A Justiça Divina é mais generosa. Oferece a oportunidade de reabilitação em plena vigência da pena, com a amnésia em relação ao passado. O sentenciado da Terra será sempre identificado como um criminoso no meio social onde viva. O sentenciado do Céu pode conviver em sociedade sem esse estigma.

3 – *De qualquer forma, não seria interessante ter uma noção sobre o assunto?*

É onde entra a Doutrina Espírita, dando-nos consciência de que nada acontece por acaso e de que nossas tendências e problemas do presente dizem respeito aos nossos comprometimentos num passado remoto, que permanece sepultado no inconsciente, em nosso próprio benefício.

4 – *O que dizer da Terapia das Vivências Passadas, em que o paciente é induzido pelo terapeuta a reviver experiências do passado próximo, na vida atual, ou remoto, em vidas anteriores?*

É eficiente recurso terapêutico que tem favorecido muita gente. Há vasta literatura sobre o assunto, com experiências notáveis de pacientes que superaram seus traumas ao conhecer a origem deles. Recordo de um rapaz que sofria de uma claustrofobia tão grave que não conseguia ficar debaixo de um teto. Submetido à TVP, descobriu que em vida anterior morrera soterrado, após longa agonia, vítima de um terremoto. A partir daí começou a superar o seu problema.

5 – *Mas a TVP não colide com a idéia espírita de que o esquecimento do passado é uma necessidade, a fim de que vivamos sem lembranças amargas e desajustantes?*

A TVP não tem por objetivo devassar o passado do paciente, mas oferecer-lhe um *flash* de situações traumáticas que enfrentou em vidas anteriores, de forma a que entenda as razões de seus males no presente. Mal comparando: a cocaína não deve fazer parte de nossos hábitos, mas pode ser usada por profissional de medicina, eventualmente, como recurso terapêutico.

6 – *Alguém que pensa em matar-se pode ser beneficiado com a TVP?*

Sem dúvida, porquanto compreenderá que os problemas que está enfrentando, passíveis de sugerir-lhe o suicídio, são decorrentes de situações mal resolvidas ou dramas do pretérito, conscientizando-se de que a fuga apenas complicará seu futuro.

7 – *Ele poderá até deparar-se com uma situação de fuga, um suicídio em vida anterior?*

Sim, configurando uma tendência que lhe compete superar, a fim de não mergulhar cada vez mais fundo em desajustes variados, em regime de débito agravado.

8 – Alguém com idéias de suicídio deveria procurar um terapeuta especializado em TVP? Tendo em vista a conturbação em que se encontra, esse envolvimento do passado não poderia agravar sua situação?

Compete ao terapeuta definir se é conveniente fazer a regressão. Por isso trata-se de uma terapia que deve ser exercida por profissional habilitado, que se preparou adequadamente, frequentando cursos de especialização.

VACINA

1 – No seu entendimento, qual o livro mais importante da literatura espírita, na abordagem do suicídio?

Sem sombra de dúvida, *Memórias de um Suicida*, em que o Espírito Camilo Castelo Branco (1825-1890) descreve suas experiências no Mundo Espiritual, a partir do momento em que, incapaz de resistir à perspectiva de uma cegueira e a outros problemas particulares, matou-se com um tiro na cabeça.

2 – O escritor português?

Sim, um dos mais notáveis e famosos de Portugal. É bom destacar que o nome que consta no livro, como autor espiritual, é Camilo Cândido Botelho, porque a médium brasileira, Yvonne A. Pereira (1906-1984), que o psicografou, com a humildade que a caracterizava, não quis aparecer como intérprete de tão ilustre figura, contrariando a orientação do próprio autor.

3 – Dentre outros livros sobre o mesmo tema, por que o destaque para Memórias de um Suicida?

Trata-se do mais completo relato sobre o assunto, mostrando todas as consequências do suicídio, a partir do momento em que é perpetrado. Escrito em estilo autobiográfico, com grande riqueza de imagens e de detalhes, o livro assemelha-se à obra de André Luiz, na série *Nosso Lar*, psicografia de Chico Xavier, que descreve a vida espiritual e a interação entre Espíritos encarnados e desencarnados. A diferença é que Camilo enfoca, particularmente, a experiência dos suicidas.

4 – Na sua condição de suicida, não estaria Camilo impossibilitado de exercitar trabalhos literários?

Em princípio, sim. Ocorre que ele desencarnou em 1890 e seus contatos com a médium ocorreram a partir de 1926, portanto 36 anos após seu suicídio, tempo suficiente para que pudesse cogitar de um relato a respeito de suas experiências como suicida. Pesou, em seu favor, sem dúvida, o fato de ser um intelectual, habituado ao exercício das idéias, não obstante as sequelas oriundas do gesto extremo.

5 – *Você recomendaria sua leitura àqueles que pensam em suicídio?*

Sem dúvida. O livro é uma vacina contra o suicídio. Quem o ler com atenção, assimilando seu conteúdo, jamais voltará a pensar no assunto, conscientizando-se de que é melhor enfrentar os problemas da Terra, sem cogitar de indevida fuga para o Além.

6 – *Há quem diga que é um livro de imagens dramáticas, terríveis, que podem assustar...*

É importante que o candidato à fuga fique assustado, muito assustado, ao tomar conhecimento do martírio dos suicidas, um tratamento de choque que o livrará do *vírus do suicídio.*

7 – *Teria o candidato ao suicídio disposição para semelhante leitura?*

Talvez no estágio final do processo que leva ao gesto extremo, prestes a matar-se, não haja disposição, mas, enquanto estiver procurando saída para seus problemas, tendo a morte por mera opção, poderá ser beneficiado com a leitura, e, certamente, se disporá a fazê-lo, se convenientemente motivado por amigos e familiares.

8 – Não haverá o risco de situar a leitura como uma fantasia da médium?

Algumas noções prévias sobre a vida espiritual serão úteis nesse particular. Livros da codificação espírita, como *O Livro dos Espíritos* e *O Evangelho segundo o Espiritismo,* onde também a problemática do suicídio é abordada, podem ajudar. Conhecendo algo sobre a vida espiritual não terá dificuldade em entender e aceitar as informações transmitidas por Camilo Castelo Branco.

INDUÇÃO LITERÁRIA

1 – Há o oposto de Memórias de um Suicida, livros que induzem ao suicídio?

Infelizmente, sim. Exemplo ilustrativo é uma obra-prima da literatura universal, *Os sofrimentos do jovem Werther,* de Johann Wolfgang Goethe (1749-1832). Para muitos esse livro iniciou o romantismo na literatura. Há quem admita que dividiu a literatura alemã entre antes e depois dele.

2 – Como pode uma obra-prima fazer estragos na vida do leitor, a ponto de induzi-lo ao suicídio?

A boa literatura nem sempre se faz acompanhar de bom discernimento do autor. Trata-se de um livro profundamente pessimista, que fala dos amores atormentados do personagem central, Werther, por uma jovem casada, apaixonada por seu marido, que não via nele senão um amigo de muitas afinidades.

3 – E o que tem a ver com o suicídio?

Depois de sofrer muito, vendo frustradas suas esperanças, ele se matou. O problema é que o livro acaba situando o suicídio como uma solução heróica e romântica para frustrações amorosas. Como amores não correspondidos, negligenciados ou traídos, constituem a grande motivação para a fuga da existência humana, muitos leitores embarcaram nessa canoa furada.

4 – Goethe teria alguma responsabilidade nessas mortes?

Sem dúvida. Todo escritor é responsável pelas idéias que transmite, tanto para o bem quanto para o mal. A literatura é pródiga em livros que incitam à violência, ao adultério, à promiscuidade sexual, ao vício, à desarmonia. Alguns alcançam notoriedade, como *Minha Luta,* de Adolf Hitler (1889-1945), *O Livro Vermelho,* de Mao Tsé-Tung (1893-1976), *O amante de Lady Chatterley,* de D.H. Lawrence (1885-1930), *Madame Bovary,* de Gustave Flaubert (1821-1880). A lista é grande.

5 – O livro de Goethe não seria recomendável?

Para pessoas do tipo Werther, não, embora constitua notável estudo sobre as angústias do amor não realizado, cultivado por um caráter romântico, introspectivo e tímido, incapaz de encarar com serenidade suas frustrações, e com tendências ao autoaniquilamento.

6 – Diríamos que um livro como Os Sofrimentos do Jovem Werther poderia ser de inspiração de Espíritos obsessores, interessados em semear o suicídio?

Provavelmente sim, pelo menos em relação ao desfecho. Os escritores têm sempre um acompanhamento de Espíritos que se envolvem com seu trabalho. As musas inspiradoras, da mitologia grega, que os artistas evocam, simbolizam essa interferência. Quando Espíritos perturbadores encontram instrumentos sensíveis à sua influência podem fazer estragos na mente humana.

7 – Mesmo quando se trate de um gênio da literatura, como Goethe?

Genialidade não é sinônimo de grandeza moral. Na *Revista Espírita,* de junho de 1859, Kardec transcreve uma manifestação de Goethe, na Sociedade Parisiense de Estudos Espíritas, em que ele se mostra arrependido do desfecho que deu ao romance. Reconhece que seu livro causou dores e infelicidade a muita gente.

8 – O fato de sofrer influência de um livro que sugere o suicídio como fuga para os tormentos da paixão, não isenta o suicida de sua responsabilidade?

Poderíamos inverter a questão. O fato de haver uma literatura que exalta a coragem de viver, diante dos problemas humanos, a par da presença de benfeitores espirituais, que sempre nos inspiram a fazer o melhor, não aumenta a responsabilidade do suicida, por não ter selecionado melhor suas leituras ou por não ter atendido às advertências de seus mentores?

CUSTO/BENEFÍCIO

1 – Um homem com muitos filhos e precária condição financeira, com muitas dívidas, suicida-se, simulando acidente, para que a família receba vultoso seguro e melhore sua situação. Não estaria ele justificado aos olhos de Deus?

Certamente, não! Estará até mais comprometido. Além do suicídio, há a simulação e a intenção desonesta de lesar a companhia seguradora, em benefício da família.

2 – Há algum caso semelhante na literatura mediúnica?

Em *O Céu e o Inferno* há a manifestação de um homem que se suicidou para livrar o filho do serviço militar, considerando que ele poderia ir para a guerra. Sendo único filho e arrimo da viúva, não seria convocado. No seu entender, valeria a pena sacrificar a própria vida para que o filho não tivesse problemas.

3 – Não deu certo?

Obviamente, a família não se sentiu feliz com seu suicídio, que é sempre traumatizante, tanto para os que partem quanto para os que ficam. Estabelecendo-se uma relação custo/benefício, no caso, certamente o preço foi alto demais para uma simples dispensa do serviço militar.

4 – *E o que diz o Espírito do suicida?*

Mostra-se arrependido. Admite que lhe faltou confiança em Deus. Essa é, na verdade, a motivação principal de todos os suicidas. Não reconhecem a presença e a solicitude de Deus, o Pai de infinito amor e misericórdia revelado por Jesus, sempre pronto a nos oferecer consolo e orientação, à medida que o busquemos com os valores da oração contrita.

5 – *Levando em consideração que ele se matou para beneficiar o filho, não estaria, de certa forma, justificado o seu comportamento, já que não pensou em si, como ocorre, geralmente, com os suicidas?*

Podemos raciocinar diferente: Não teria ele interferido no próprio destino do filho? E se este tinha o compromisso de participar da carreira militar? E se estivesse no quadro de suas provações vir a falecer numa guerra? É preciso muito cuidado com ações que podem interferir na vida do próximo. Responderemos pelos prejuízos que lhe causarmos, não apenas com o mal imediato que possamos lhe

SUICÍDIO TUDO O QUE VOCÊ PRECISA SABER

fazer, mas também por males indiretos, como pode ter acontecido na história desse homem.

6 – *E se alguém, no propósito de salvar uma pessoa de um afogamento, acaba por morrer afogado? Estaria enquadrado na mesma situação?*

Não, porque não houve o propósito de matar-se. Talvez lhe tenha faltado um tanto de prudência, mas atos heróicos envolvem sempre o risco de vida. Por isso mesmo são heróicos.

7 – *Diríamos, então, que um soldado, que morre em campo de batalha, ou um policial que é assassinado num confronto com bandidos, não está enquadrado no comportamento suicida?*

Não, porque morreram no cumprimento de seus deveres, a não ser que se expusessem deliberadamente, com o propósito de morrer, fugindo de seus compromissos.

8 – *Habilitam-se a receber, de pronto, o amparo de benfeitores espirituais?*

Ninguém deixa de receber, mesmo os suicidas. Ocorre que a ajuda dos mentores espirituais não depende tanto de como a pessoa deixa a Terra, mas de como chega ao Mundo Espiritual. Soldados que numa guerra exercitam a crueldade, matando inocentes, estuprando mulheres, maltratando inimigos, terão graves problemas na Espiritualidade, ainda que estejam defendendo uma causa justa.

PRÁTICA DO BEM

1 – Na questão 945, de O Livro dos Espíritos, respondendo a uma indagação de Kardec, sobre o suicídio por causa de desgosto da vida, diz o mentor espiritual: Insensatos! Por que não trabalhavam? A existência não lhes teria sido tão pesada! Essa resposta não é um tanto dura e simplista?

O mentor não escondeu a verdade. Em última instância, suicídio é *falta de serviço,* segundo a expressão popular, não apenas no sentido profissional, mas também como ocupação do tempo em atividades que não abram espaço para idéias infelizes ou para influências das sombras, partindo do velho princípio de que *mente vazia é forja do demônio.*

2 – Se o problema é manter a mente ocupada, trabalhando sempre, por que há gente ativa e bem sucedida que comete suicídio?

Não basta manter a mente ocupada. É preciso saber com que nos ocupamos. Há empresários que trabalham dezesseis horas por dia e acabam por se suicidar, porque ficam estressados, porque os negócios iam mal ou porque sofreram uma falência.

3 – E qual o trabalho específico que, exercitado, nos livrará do suicídio?

É o chamado *exercício do Bem*, não apenas no esforço por socorrer necessitados de todos os matizes ou na participação em obras de benemerência social, mas também, na profissão, no lar, na rua, no contato com as pessoas. Onde estivermos sempre haverá a possibilidade de fazer algo em benefício de alguém.

4 – Esse empenho funciona?

O suicida é alguém que deseja livrar-se de um inferno interior. A prática do Bem faz a reforma de nossa casa mental, tornando celestial o recanto infernal, sem espaço para idéias infelizes.

5 – Céu ou inferno são estados de consciência?

Jesus dizia que o Reino de Deus está dentro de nós. O inferno também. Instala-se facilmente nas mentes distraídas da única finalidade da existência – a prática do Bem.

6 – Soa estranho dizer que a prática do Bem é a finalidade única da Vida.

Isso está expresso na questão número 860, de *O Livro dos Espíritos*. A lei suprema de Deus é o Amor. A prática do Bem é o amor em ação. Se admitirmos que estamos na Terra para aprender a amar, será fácil conceber a prática do Bem como a finalidade única da Vida. É assim que aprendemos a amar.

7 – E quando uma pessoa generosa, empenhada em ajudar a família, principalmente os membros do agrupamento familiar, resolve suicidar-se?

Pode acontecer, mas apenas como a exceção que confirma a regra, atingindo pessoas generosas, mas frágeis espiritualmente. Carregam conflitos íntimos que as desgastam e favorecem a influência de Espíritos que podem induzi-las ao suicídio.

8 – Mas, se praticam o Bem, não se habilitam à proteção dos benfeitores espirituais?

O que funciona aqui é o fator sintonia. Se a pessoa cultiva pensamentos negativos, sentindo-se infeliz, não obstante generosa, fatalmente atrairá influências nocivas e perigosas, que terão fácil acesso à sua vida interior, dificultando a ação dos benfeitores espirituais.

FARDO LEVE

1 – Qual a responsabilidade do suicida que enfrentava sofrimentos superiores às suas forças?

Isso não existe. Seria puro sadismo de Deus impor sobre os ombros de um de seus filhos um fardo impossível de ser carregado. O peso de nossas provações é, invariavelmente, compatível com nossas forças.

2 – Não obstante, o fato de o suicida considerar que o fardo é superior às suas forças não funciona como atenuante?

Talvez, em relação às suas responsabilidades, mas não o isentará dos desajustes perispirituais que provocará em si mesmo, impondo-lhe tormentos na vida espiritual, nem dos reclamos da consciência a lhe dizer que lhe faltou um mínimo de confiança em Deus.

3 – Não é complicado imaginar que os mentores espirituais, que orientam a reencarnação de seus pupilos, façam uma dosagem dos males que irão enfrentar, estabelecendo limites às provações como quem prepara uma equação matemática, a fim de que não se rompa a sua resistência?

Obviamente, não podemos enquadrar as provações humanas em simples equação matemática, estabelecendo perfeita proporção entre elas e a resistência do Espírito. O que a experiência demonstra é que as provações estão bem distantes desses limites. Há, digamos, enorme folga entre o que ele sofre e o que tem condições de suportar.

4 – Poderia exemplificar?

Há a história daquele Espírito altamente comprometido com o erro e o vício. Ao reencarnar, pediu aos seus mentores que queriam enfrentar os piores males da Terra, ávido por resgatar seus débitos. Os mentores fizeram diferente. Considerando que ele não teria a mínima condição de enfrentar semelhante expiação, planejaram para ele algo bem mais simples. Seria médium, dedicado ao trabalho de ajuda a encarnados e desencarnados. Como instrumento da Espiritualidade, conquistaria sua própria redenção.

RICHARD SIMONETTI

5 – Com semelhante providência não estaria ele faltando aos seus compromissos?

O aperfeiçoamento da justiça humana criou a figura das penas alternativas, em que o criminoso, em vez de ir para a prisão, escola de criminalidade, de onde geralmente sai pior, recebe sentença diferente. É *condenado* a prestar serviços comunitários, em instituições filantrópicas, aprendendo o valor dos serviços de ajuda ao próximo. A justiça humana apenas copia a Justiça Divina, que funciona assim.

6 – Há penas alternativas para o resgate de nossos débitos cármicos?

Jesus proclama, no Sermão da Montanha (Mateus, 5:7): *Bem-aventurados os misericordiosos porque alcançarão misericórdia.* E repete o profeta Oséias (Mateus, 9:13): *Misericórdia quero, e não sacrifício.* Deus nos permite, em Sua bondade, substituir a moeda do sofrimento pela moeda da misericórdia, o empenho em socorrer nossos irmãos, no resgate de nossos débitos cármicos.

7 – Isso significa que não precisamos transitar pela Terra em clima de infelicidade para os necessários reajustes?

Como todo pai, Deus quer os filhos felizes. Costumamos confundir sofrimento com infelicidade.

Sofrimento é imposição da vida. Felicidade é uma construção pessoal, na intimidade de nossa consciência. Quem compreende isso jamais pensará em suicídio ao enfrentar provações. Em boa lógica, as dores do Mundo deviam nos fazer felizes, como feliz fica o devedor ao quitar seus débitos.

8 – *A conceituação espírita a respeito do assunto é maravilhosa, oferecendo-nos as melhores perspectivas para uma existência feliz e produtiva, não obstante vivermos num planeta de provas e expiações. Mas há um problema: como passar esse conhecimento para aqueles que precisam dele?*

Esse é o dever de todos os que conhecem a Doutrina Espírita, os que se beneficiaram de suas luzes, os que tiveram sua existência valorizada pela visão objetiva das realidades espirituais. Somos chamados a participar dos movimentos de divulgação doutrinária, colaborando com jornais espíritas, integrando grupos no Centro Espírita e, como diria Castro Alves, distribuindo livros *à mão cheia*, convidando o povo a pensar em termos de imortalidade, como só o Espiritismo é capaz. Teremos, então, um número cada vez menor de pessoas que pensam em fugir da vida pela porta falsa do suicídio, ampliando-se o contingente de pessoas capazes de enfrentar com serenidade e alegria os desafios da existência.

FAMÍLIA ESPIRITUAL

1 – Considerando que o suicídio é uma espécie de desvio nos caminhos que conduzem o Espírito à perfeição, quanto tempo levará o suicida para retornar à via principal?

Como temos ressaltado, o comprometimento com o suicídio depende de vários fatores, principalmente do grau de evolução do Espírito. Quanto mais esclarecido, mais graves serão as consequências.

2 – Se ele tem que voltar sobre seus próprios passos, podemos dizer que se manterá estacionário nesse período, sob o aspecto evolução?

Não necessariamente, já que as próprias consequências do suicídio são experiências que o ajudarão a amadurecer, ensinando-o que é preciso respeitar a vida, submetendo-se aos desígnios divinos. Estamos sujeitos a mecanismos de causa e efeito, instituídos pela Sabedoria Divina, que nos levam a aprender com nossos próprios erros, embora devamos considerar que, obviamente, o ideal seria não cometê-los.

3 – A Doutrina Espírita ensina que caminhamos em grupos familiares, na jornada evolutiva, formando as famílias espirituais, que se amparam e estimulam reciprocamente. Como fica o suicida, transviado pelo suicídio, em relação ao seu grupo familiar?

Será motivo de grande preocupação para aqueles que o amam desde o passado remoto. Certamente, em nome do amor, estarão empenhados em trabalhar pelo seu reerguimento, ajudando-o a superar as consequências do gesto tresloucado.

4 – Se a composição de uma família espiritual obedece ao fator sintonia, não estará o suicida automaticamente excluído dela?

Excluído não; afastado. Não obstante, seus amados velarão por ele, assumindo a postura de mentores espirituais, procurando ajudá-lo a reerguer-se e superar as barreiras vibratórias.

5 – Acompanham o suicida de longe?

Na Espiritualidade, sim. Mas poderão colocar-se ao seu lado, reencarnando como familiares dedicados, amparando-o nos duros caminhos da retificação.

6 – Admitindo que a família espiritual prossegue na jornada evolutiva, buscando novas experiências, não estará o suicida sempre distante dela?

A distância que se estabeleceu entre ele e a família pode ser superada. Acelerando o passo, com o empenho de crescer espiritualmente, acabará por alcançar os companheiros. Dependerá dele.

7 – Analisando a questão do suicídio por esse prisma, verificamos que as consequências são bem mais sérias do que as sequelas provocadas no corpo espiritual.

Sem dúvida. Tivesse o candidato ao suicídio pálida ideia dos problemas que irá gerar para si mesmo, haveria de enfrentar os desafios existenciais sem ideias de auto-aniquilamento, fazendo o melhor.

8 – Qual seria o grande recurso para vencer a tentação do suicídio?

Diz Jó (1:21): *...Deus deu, Deus tirou, bendito seja o nome do Senhor!* Despojado de todas as prerrogativas da vida, doente, sem recursos, Jó conservou a coragem de viver, submetendo-se à vontade de Deus. Quem tem a noção de que Deus é o nosso Pai, de infinito amor e misericórdia, jamais pensará em suicídio.

ESTATÍSTICA

1 – O que dizem as estatísticas sobre o suicídio?

Dizem que devemos nos preocupar com o assunto. É preciso evitar o que chamamos *os quatro passos*. São eles que nos conduzem a essa autêntica tragédia, que complica o destino, gerando sofrimentos que tendem a prolongar-se por séculos. Diz o mentor espiritual, na questão 946, de *O Livro dos Espíritos: Pobres Espíritos, que não têm a coragem de suportar as misérias da existência! Deus ajuda aos que sofrem e não aos que carecem de energia e de coragem. As tribulações da vida são provas ou expiações. Felizes os que as suportam sem se queixar, porque serão recompensados!*

2 – Qual o primeiro passo para o suicídio?

Alimentar a idéia de que, em face dos problemas da existência, seria melhor morrer. É um pensamento frequente e insidioso, do qual raros escapam. Ele abre, inclusive, as portas de nossa alma às influências de Espíritos obsessores, sempre interessados em explorar nossos sentimentos negativos, como já comentamos.

3 – O segundo?

Imaginar um *empurrãozinho* no destino. Já que Deus não providenciou, bem que poderíamos tomar a iniciativa. Começa como leve impressão, de contornos não bem definidos, mas que vai tomando corpo, crescendo no íntimo, a par de surda revolta contra situações que nos parecem ingratas e injustas, sem disposição para enfrentá-las. A partir daí cresce o desejo de fuga.

4 – O terceiro passo?

O indivíduo assume que quer morrer e começa a cogitar de como sairá de cena, deixando, na sua concepção, este *vale de lágrimas*. Há quem estude cuidadosamente o assunto, buscando algo que seja rápido e indolor, de preferência simulando morte natural ou por acidente.

5 – O quarto passo?

O derradeiro. É a consumação da idéia, o partir para a ação, sem que o infeliz tenha consciência do buraco negro que abrirá debaixo de seus pés, do qual poderá levar séculos para sair.

6 – Qual a porcentagem em que você situa esses passos?

Tenho feito algumas pesquisas junto a participantes de cursos de Espiritismo. Em média, os resultados são os seguintes: *Alguma vez pensou que seria melhor morrer,* 50%; *pessoas que cogitaram de como morrer,* 22%; *pessoas que chegaram a pensar como o fariam, 22%; pessoas que tentaram,* 6%. São números preocupantes, principalmente se considerarmos que não estão incluídos nessa estatística os que consumaram sua intenção, no quarto passo, o que elevaria ainda mais essa porcentagem. Pior, ainda, se levarmos em conta os que simularam morte natural ou por acidente.

7 – No suicídio por um gesto de desespero, em face de uma situação crítica, ainda assim há essas quatro etapas?

Mesmo na situação mais crítica, dificilmente alguém atentará contra a própria vida se não houver passado pela primeira fase, aquela ideia de que a jornada humana é um fardo muito pesado e que *bem desejaria que Deus me levasse!* Essa expressão costuma fazer parte do cotidiano das pessoas não conscientes do que estão fazendo na Terra.

8 – *Como evitar esses passos?*

Fundamental evitar o primeiro. Jamais, em situação alguma, imaginar que seria melhor morrer. Quando alguém tropeça e perde o equilibro, ganha um impulso que o leva a passadas céleres e desembestadas, literalmente engatinhando. A queda é quase inevitável. O primeiro passo, no caminho do suicídio, pode gerar esse impulso, com suas funestas consequências.

DÚVIDAS

1 – Recebi a comunicação de um amigo suicida detalhando o que lhe acontecera. Pensando em matar-se, encostou um punhal no abdome, mas não teve coragem de consumar seu intento. No entanto, sentiu que Espíritos obsessores pressionaram sua mão, literalmente obrigando-a a enterrar o punhal. Em agonia ouviu suas gargalhadas. É possível uma ação dessas dos perseguidores espirituais?

Se os obsessores tivessem esse poder, estaríamos todos à sua mercê. O que eles fazem é induzir, sugerir, convencer o obsidiado a cometer suicídio. Não têm poderes para forçá-lo, razão pela qual nunca se poderá isentar o suicida de seu gesto tresloucado. Ele sempre responderá por isso.

2 – Meu marido vivia dizendo que se mataria se viesse a enfrentar problemas graves. Foi o que fez quando perdeu o emprego. Será que foi suicida em outra vida?

Não necessariamente. Foi vítima de sua própria fraqueza e um exemplo de como podemos complicar o destino quando cultivamos ideias infelizes como essa. Elas tomam corpo, induzindo-nos a gestos comprometedores de que fatalmente nos arrependeremos.

3 – Minha esposa tinha tudo para viver feliz e parecia feliz. Era bonita, gentil, atenciosa, saudável... O que a teria levado ao suicídio?

Como diz Raimundo Correia, no seu célebre soneto, *se se pudesse o Espírito que chora ver através da máscara da face,* perceberíamos que uma aparência feliz pode esconder um coração conturbado. Provavelmente, ela foi talentosa artista, simulando uma estabilidade que não possuía. Não sabemos dos conflitos em que se debate alguém que tem tudo para viver feliz. Situações mal resolvidas, angústias e desajustes resultantes de desvios do passado, embora encobertos por um comportamento aparentemente ajustado, podem levar ao gesto extremo.

4 – Um dos efeitos colaterais da ciclosporina, substância imunossupressora usada em transplantes, é a depressão. Tenho um familiar que se suicidou depois de receber um rim, em transplante. De quem seria a culpa? Dele ou da ciclosporina?.

A ciclosporina pode ser um fator atenuante, nunca determinante. É nas situações dramáticas, como uma depressão, que o paciente revela sua firmeza ou fraqueza.

5 – Um familiar meu recebeu um órgão doado por um suicida. Durante algum tempo sentiu-se mal, chegando a alimentar a ideia do suicídio. Poderia ele estar impregnado das vibrações do doador, a influenciá-lo?

Em princípio, talvez, mas uma influência que será rapidamente superada, à medida que essa impregnação dissolver-se, já que o órgão não está mais sob a influência do doador.

6 – Fui morar numa casa onde um homem matou-se. Sentia-me muito mal e passava-me pela cabeça uma ideia de que nunca cogitara – o suicídio. Estaria a casa impregnada de seus sentimentos?

Pode ser, mas, assim como em relação ao órgão transplantado, seria uma impregnação passageira, passível de ser desfeita com uma atitude serena dos novos moradores e o cultivo da oração.

7 – Enfrentei um problema sério quando me mudei para uma casa onde um homem se suicidou. Minha esposa e nossas filhas não conseguiam dormir à noite, temerosas e perturbadas. Seria a presença do suicida?

Seria altamente improvável, porquanto os suicidas são afastados do convívio com os homens, fazendo estágios depuradores nos vales dos suicidas, descritos por Camilo Castelo Branco, conforme já comentamos. Esse problema está mais relacionado com o condicionamento negativo. Se a pessoa acha que, pelo fato de morar numa casa onde alguém se matou, vai ter problemas, fatalmente os terá, fruto de sua própria imaginação.

8 – *Não me sinto realizada nem na vida nem no casamento. Sinto-me no fundo do poço, com muita tristeza. Só tenho sono e dores no corpo, como se tivesse levado uma surra. Só penso em suicídio, mas não tenho coragem. Acho que do outro lado é bem melhor e lá vou encontrar a felicidade, a paz e o homem da minha vida, pois tenho a sensação de que ele aqui não está. Peço a morte a Deus, todos os dias. Por quê?*

Imaginar que a morte nos reserva a concretização de nossos sonhos de felicidade é equívoco perigoso. Será feliz no Além quem morrer em paz com a vida, ainda que enfrentando tormentos. Para tanto é fundamental o empenho em cumprir os desígnios divinos, cultivando o Bem e aproveitando, integralmente, as oportunidades de edificação da jornada humana, realizações que passam longe do suicídio.

BIBLIOGRAFIA DO AUTOR

01 – PARA VIVER A GRANDE MENSAGEM   1969
Crônicas e histórias.
Ênfase para o tema Mediunidade.
Editora: FEB

02 – TEMAS DE HOJE, PROBLEMAS DE SEMPRE   1973
Assuntos de atualidade.
Editora: Correio Fraterno do ABC

03 – A VOZ DO MONTE   1980
Comentários sobre "O Sermão da Montanha".
Editora: FEB

BIBLIOGRAFIA DO AUTOR

04 – **ATRAVESSANDO A RUA** 1985
Histórias.
Editora: IDE

05 – **EM BUSCA DO HOMEM NOVO** 1986
Parceria com Sérgio Lourenço
e Therezinha Oliveira.
Comentários evangélicos e temas de atualidade.
Editora: EME

06 – **ENDEREÇO CERTO** 1987
Histórias.
Editora: IDE

07 – **QUEM TEM MEDO DA MORTE?** 1987
Noções sobre a morte e a vida espiritual.
Editora: CEAC

08 – **A CONSTITUIÇÃO DIVINA** 1988
Comentários em torno de "As Leis Morais",
3a. parte de O Livro dos Espíritos.
Editora: CEAC

09 – **UMA RAZÃO PARA VIVER** 1989
Iniciação espírita
Editora: CEAC

BIBLIOGRAFIA DO AUTOR

10 – **UM JEITO DE SER FELIZ** **1990**
Comentários em torno de
"Esperanças e Consolações",
4a. parte de O Livro dos Espíritos.
Editora: CEAC

11 – **ENCONTROS E DESENCONTROS** **1991**
Histórias.
Editora: CEAC

12 – **QUEM TEM MEDO DOS ESPÍRITOS?** **1992**
Comentários em torno de "Do Mundo Espírita e
dos Espíritos",2a. parte de O Livro dos Espíritos.
Editora: CEAC

13 – **A FORÇA DAS IDEIAS** **1993**
Pinga-fogo literário sobre temas de atualidade.
Editora: O Clarim

14 – **QUEM TEM MEDO DA OBSESSÃO?** **'1993**
Estudo sobre influências espirituais.
Editora: CEAC

15 – **VIVER EM PLENITUDE** **1994**
Comentários em torno de "Do Mundo Espírita e
dos Espíritos", 2a. parte de O Livro dos Espíritos.
Sequência de Quem Tem Medo dos Espíritos?
Editora: CEAC

BIBLIOGRAFIA DO AUTOR

16 – **VENCENDO A MORTE E A OBSESSÃO** 1994
*Composto a partir dos textos de Quem Tem Medo
da Morte? e Quem Tem Medo da Obsessão?*
Editora: Pensamento

17 – **TEMPO DE DESPERTAR** 1995
Dissertações e histórias sobre temas de atualidade.
Editora: FEESP

18 – **NÃO PISE NA BOLA** 1995
Bate-papo com jovens.
Editora: O Clarim

19 – **A PRESENÇA DE DEUS** 1995
*Comentários em torno de "Das Causas Primárias",
1a. parte de O Livro dos Espíritos.*
Editora: CEAC

20 – **FUGINDO DA PRISÃO** 1996
Roteiro para a liberdade interior.
Editora: CEAC

21 – **O VASO DE PORCELANA** 1996
*Romance sobre problemas existenciais, envolvendo
família, namoro, casamento, obsessão, paixões...*
Editora: CEAC

22 – **O CÉU AO NOSSO ALCANCE** 1997
Histórias sobre "O Sermão da Montanha".
Editora: CEAC

BIBLIOGRAFIA DO AUTOR

23 – **PAZ NA TERRA** 1997
Vida de Jesus – nascimento ao início
do apostolado.
Editora: CEAC

24 – **ESPIRITISMO, UMA NOVA ERA** 1998
Iniciação Espírita.
Editora: FEB

25 – **O DESTINO EM SUAS MÃOS** 1998
Histórias e dissertações sobre temas
de atualidade.
Editora: CEAC

26 – **LEVANTA-TE!** 1999
Vida de Jesus – primeiro ano de apostolado.
Editora: CEAC

27 – **LUZES NO CAMINHO** 1999
Histórias da História, à luz do Espiritismo.
Editora: CEAC

28 – **TUA FÉ TE SALVOU!** 2000
Vida de Jesus – segundo ano de apostolado.
Editora: CEAC

29 – **REENCARNAÇÃO – TUDO O QUE VOCÊ**
PRECISA SABER 2000
Perguntas e respostas sobre a reencarnação.
Editora: CEAC

BIBLIOGRAFIA DO AUTOR

30 – **NÃO PEQUES MAIS!** **2001**
Vida de Jesus – terceiro ano de apostolado.
Editora: CEAC

31 – **PARA RIR E REFLETIR** **2001**
Histórias bem-humoradas, analisadas à luz da
Doutrina Espírita.
Editora: CEAC

32 – **SETENTA VEZES SETE** **2002**
Vida de Jesus – últimos tempos de apostolado.
Editora: CEAC

33 – **MEDIUNIDADE, TUDO O QUE VOCÊ**
PRECISA SABER **2002**
Perguntas e respostas sobre mediunidade.
Editora: CEAC

34 – **ANTES QUE O GALO CANTE** **2003**
Vida de Jesus – o Drama do Calvário.
Editora: CEAC

35 – **ABAIXO A DEPRESSÃO!** **2003**
Profilaxia dos estados depressivos.
Editora: CEAC

36 – **HISTÓRIAS QUE TRAZEM FELICIDADE** **2004**
Parábolas evangélicas, à luz do Espiritismo.
Editora: CEAC

BIBLIOGRAFIA DO AUTOR

37 – **ESPIRITISMO, TUDO O QUE VOCÊ**
PRECISA SABER **2004**
Perguntas e respostas sobre a Doutrina Espírita.
Editora: CEAC

38 – **MAIS HISTÓRIAS QUE TRAZEM FELICIDADE** **2005**
Parábolas evangélicas, à luz do Espiritismo.
Editora: CEAC

39 – **RINDO E REFLETINDO COM CHICO XAVIER** **2005**
Reflexões em torno de frases e episódios
bem-humorados do grande médium.
Editora: CEAC

40 – **SUICÍDIO, TUDO O QUE VOCÊ PRECISA SABER** **2006**
Noções da Doutrina Espírita sobre a
problemática do suicídio.
Editora: CEAC

41 – **RINDO E REFLETINDO COM CHICO XAVIER** **2006**
Volume II
Reflexões em torno de frases e episódios
bem-humorados do grande médium.
Editor: CEAC.

42 – **TRINTA SEGUNDOS** **2007**
Temas de atualidade em breves diálogos.
Editora: CEAC

BIBLIOGRAFIA DO AUTOR

43 – **RINDO E REFLETINDO COM A HISTÓRIA** **2007**
Reflexões em torno da personalidade de figuras
ilustres e acontecimentos importantes da História.
Editora: CEAC

44 – **O CLAMOR DAS ALMAS** **2007**
Histórias e dissertações doutrinárias.
Editora: CEAC

45 – **MUDANÇA DE RUMO** **2008**
Romance.
Editora: CEAC

46 – **DÚVIDAS E IMPERTINÊNCIAS** **2008**
Perguntas e respostas.
Editora: CEAC

47 – **BEM-AVENTURADOS OS AFLITOS** **2009**
Comentários sobre o capítulo V, de O Evangelho
Segundo o Espiritismo.
Editora: CEAC

48 – **POR UMA VIDA MELHOR** **2009**
Autoajuda e orientação para Centros Espíritas.
Editora: CEAC

BIBLIOGRAFIA DO AUTOR

49 – **AMOR, SEMPRE AMOR!**   **2010**
Variações sobre o amor, a partir de O Evangelho
segundo o Espiritismo.
Editora: CEAC

50 – **O PLANO B**   **2010**
Romance.
Editora: CEAC

51 – **BOAS IDEIAS**   **2011**
Antologia de 50 obras do autor.
Editora: CEAC

52 – **A SAÚDE DA ALMA**   **2011**
Histórias e reflexões em favor do bem-estar.
Editora: CEAC

53 – **O RESGATE DE UMA ALMA**   **2012**
Romance.
Editora: CEAC

54 – **O GRANDE DESAFIO**   **2012**
Roteiro para a vivência espírita.
Editora: CEAC

55 – **DEPRESSÃO – UMA HISTÓRIA DE SUPERAÇÃO**   **2013**
Romance.
Editora: CEAC

BIBLIOGRAFIA DO AUTOR

56 – **O HOMEM DE BEM** 2013
Reflexões sobre o enfoque de Allan Kardec, em
O Evangelho segundo o Espiritismo.
Editora: CEAC

57 – **PARA GANHAR A VIDA** 2014
Histórias e dissertações doutrinárias.
Editora: CEAC

58 – **CONTRA OS PRÍNCIPES E AS POTESTADES** 2014
Romance enfocando reuniões mediúnicas.
Editora: CEAC

59 – **PARA LER E REFLETIR** 2015
Temas de atualidade.
Editora CEAC

60 – **AMOR DE PROVAÇÃO** 2015
Romance enfocando um drama de amor
Editora CEAC

61 – **MORTE, O QUE NOS ESPERA** 2016
Dissertações em torno da 2ª. parte do livro
O Céu e o Inferno, de Allan Kardec.
Editora CEAC

BIBLIOGRAFIA DO AUTOR

62 – **UMA RECEITA DE VIDA** **2016**
Roteiro para uma existência feliz.
Editora CEAC

63 – **O QUE FAZEMOS NESTE MUNDO?** **2017**
Reflexões sobre a existência humana.
Editora CEAC

TÍTULO: *O QUE FAZEMOS NESTE MUNDO?*

AUTOR: RICHARD SIMONETTI
GÊNERO: DISSERTAÇÕES (Reflexões sobre a existência humana)
FORMATO: 14X21
PÁGINAS: 176
ISBN: 978-85-8279-037-3

O QUE FAZEMOS NESTE MUNDO?

Qual a finalidade da existência humana?
Filósofos, cientistas, religiosos, ao longo do tempo, tentam responder a essa instigante dúvida, perdendo-se em fantasias.
A melhor maneira para definir o que viemos fazer na Terra é descobrir de onde viemos.
Nesse particular, o Espiritismo é imbatível, a partir de um contato estreito com o Mundo Espiritual, conforme os princípios codificados por Allan Kardec.
Nestas páginas o leitor terá oportunos e bem-humorados comentários sobre o que estamos fazendo no Mundo, em favor do que viemos fazer.

TÍTULO: ***UMA RECEITA DE VIDA***

AUTOR: RICHARD SIMONETTI
GÊNERO: DISSERTAÇÕES
FORMATO: 14X21
PÁGINAS: 160
ISBN: 978-85-8279-033-5

    Atendendo às expectativas dos leitores, este livro compõe uma receita valiosa, combinando:

    Autoajuda.
    Conhecimento espírita.
    Princípios evangélicos.
    Poderes da mente humana.
    Experiências instigantes.
    Citações exemplares.

    No conjunto, é uma obra para saborear, leitura agradável e esclarecedora, no estilo bem-humorado, claro e objetivo que consagrou o autor, para uma vida sem esmorecimento, a fim de *florescermos onde estamos plantados.*

Rua 15 de Novembro, 8-55
Fone: 14 3227 0618
CEP 17015-041 – Bauru SP
www.editoraceac.com.br
www.radioceac.com.br
www.tvceac.com.br
www.ceac.org.br